社会主义核心价值体系建设
"双百"出版工程

项 目

/ 100位
新中国成立以来感动中国人物/

钟 南 山

叶 依/著

吉林文史出版社

前　言

　　每个人的心中都多少有一点英雄情结，都向往英雄、景仰英雄。也正因此，在中华人民共和国建国六十周年之际，由中央十一部委联合组织开展的"100位为新中国成立作出突出贡献的英雄模范人物和100位新中国成立以来感动中国人物"的评选活动中，群众参与投票总数近一亿。这其中的每一张选票，都表达了人们对英雄模范的崇敬之情，寄托着对伟大祖国的美好祝福。

　　一个民族不能没有英雄，否则这个民族就不会强大。当国家危难之时，懦弱者选择了逃避、妥协甚至投降，英雄们却挺身而出，用热血捍卫民族的尊严，人民的幸福。在创立和建设新中国的伟大历程中，涌现出无数可歌可泣的英雄模范人物。他们之中，有为了民族独立和人民解放而英勇牺牲的革命先烈，有为了党和人民的事业而不懈奋斗的优秀共产党员，有在全民族抗战中顽强奋战、为国捐躯的爱国将士，有英勇杀敌的战斗英雄和革命群众，有积极从事进步活动的著名民主爱国人士和国际友人……他们是民族的脊梁、祖国的骄傲，是激励全体人民团结奋斗的精神力量。

　　《100位新中国成立以来感动中国人物》丛书，就像一部星光璀璨的英雄谱，真实、完整地记录了英雄模范人物不平凡的一生，再现了他们非凡的人格魅力和精神世界。舍身堵枪眼的黄继光，拼命也要拿下大油田的王进喜，中国原子弹之父邓稼先，新时期领导干部的楷模孔繁森……一串串闪光的名字，一个个动人的故事，犹如群星闪烁，光耀中华。

　　当今中国正处于伟大变革的时代，迫切需要涌现出一大批勇于承担历史使命、为祖国和人民奉献一切的先进人物。在"双百"人物崇高精神的引领下，在建设社会主义现代化国家的征程中，必将英雄辈出。

生平简介

　　钟南山,男,汉族,福建省厦门市人,中共党员。1936 年出生,1960 年参加工作,现任广州医学院广州呼吸疾病研究所所长。

　　钟南山五十多年来一直耕耘在医疗、教学、科研和管理一线,先后主持国家"973"、"863"、"十一五"科技攻关以及国际医疗合作等重大项目,荣获二十余项省级以上科技成果奖。在临床治病工作中,他以精湛的医术和高尚的医德赢得了同事和病人的广泛赞誉。2003 年,在抗击非典战斗中,他以实事求是的态度、勇往直前的大无畏精神,主动请缨收治危重病人,全力以赴地精心制定医疗方案,以医者的妙手仁心挽救生命,显示出了科学家治学严谨的作风与高度的责任感。在关系抗击非典成败的重大问题上,他能置自身荣辱得失于度外,力排众议,坚守科学家的良知,在抗击非典斗争中起到了重要作用,被广东省委、省政府授予特等功。"5·12"四川汶川大地震发生后,虽身体原因不能到前线,但他积极捐款捐物、亲自组织后方会诊,是一个关键时刻站得出来、危急关头豁得出来的优秀共产党员。他是中国工程院院士,中共十五大代表,第十一届全国人大代表,获得首批国家级有突出贡献专家等多项荣誉称号,被授予白求恩奖章。

◀ 钟南山

目 录 MULU

大医钟南山（代序）

2003 年春天，一个让中国人记忆深刻的季节，SARS 病毒突然袭来。一位 67 岁的科学家临危受命，站在了抗击非典战役的第一线。这是一场没有硝烟的战争，这是一场人类最终取得胜利的真实故事，这场战争让世人铭记住了一个名字——钟南山。

父母的医德，耳濡目染着他。他在新中国解放的歌声中成长，坦然面对重重政治考验、一番番生活风雨。在危难、危险甚至恐惧面前，他挺身在前，扶危济困，大义凛然。

上世纪 70 年代，他响应中央的号召，积极投身慢性支气管炎的防治，并逐步使广州呼吸疾病研究所由一个慢性支气管炎防治小组，发展成为国内重要的呼吸疾病防治机构。

上世纪 70 年代，祖国选派他远渡重洋，留学英伦。学有所成，他谢绝英国皇家学院的挽留，毅然返回故乡报效祖国。学成归国后，他成为中央领导保健办的第一批专家，1982 年成为叶剑英元帅治疗专家组成员；1994 年，时任中央书记处书记的胡锦涛，为他颁发了中央领导保健医生的证书；1996 年 5 月，他当选为中国工程院院士。

面对突如其来的 SARS 疫情，他以医者的妙手仁心挽救生命，以科学家实事求是的科学态度应对灾难，给予了人们战胜疫情的力量。花甲之年，他仍战斗在抗击非典第一线，为搞清疫情病因，获得最真实的第一手资料，他仔细查看过每一个病人的口腔。

当疫情肆虐之时，医务人员纷纷感染病倒，他却毅然决然地主动请缨："把重病人都送到我这里来！"

当国际社会普遍指责中国瞒报疫情时，他不顾劳累走访多个国家和地区，用有力的事实和依据，让国际社会了解到了中国政府对抗疫情所做的努力。

当 2004 年非典再次显露迹象，他追根溯源，果决建言捕杀果子狸，切断冠状病毒的传播之链。

SARS 之后，日常工作繁重，他却始终不曾远离一线病人。病人与科研是他的医学生命之源，他不想成为无源之水、无本之木。为国家分忧，为医学奉献，为患者服务，已成为他生命的自觉……

跌宕人生

从顽皮孩童到优秀少年

★★★★★

1936 年 10 月 20 日，钟南山出生在南京。他是我国著名儿科专家钟世藩和妻子廖月琴的第一个孩子。

钟家两代单传，如今终于有了后继之人。钟世藩喜出望外，虽然身处乱世，以后的日子会更加艰难，但是，这个小宝宝给他带来的，是勇气和希望。要给孩子取个什么名字呢？因为孩子出生在当时的南京中央医院，而医院刚好坐落于南京钟山的南面，钟世藩便按照孩子出生的位置，顺势给孩子取名"南山"。钟世藩觉得这个名字非常有气势，妻子廖月琴也欣然同意。

钟南山的幼年，充斥着警报与炸弹的轰鸣声。他出生的第四个月，日本帝国主义轰炸了南京，南京城顿时沦为一片废墟。随着炸弹的爆炸声，钟家的房屋倒塌在地上。襁

△ 12岁的钟南山

褓里的钟南山险些丧命在废墟中。

南京沦陷前夕，国民党南京中央医院撤往千里之外的贵州贵阳。供职于中央医院的钟世藩也被迫举家南迁。襁褓中的钟南山就这样随父母去了贵阳。自从在南京遭受轰炸，钟世藩家中片瓦无存，钟世藩一家在贵阳的生活，一顿饭有一块酱豆腐，已经是美餐了。但更让钟世藩心疼的是自己珍贵的医学书籍，后来也损毁于贵阳的战火中，埋入了瓦砾中。

抗战时期的贵阳被战火和硝烟笼罩着。民间流传着一句顺口溜：天无三日晴，地无三尺平，人无三分银。1947年下半年，钟世藩一家随着中央医院再次迁徙，从贵阳辗转来到广州。到了广州的钟世藩，受聘为广州岭南大学医学院教授。钟世藩一家住进了国民党广州中央政府分配的独栋独院的小楼。广州的生活与贵阳相比，有很大的不同。年幼的钟南山每天都可以看到新奇好看的电影。尤其喜欢武侠片，甚至到了痴迷的程度。电影看多了他就想自己去模仿武侠，12岁那年，他就模仿电影中的桥段，飞下楼房。

那天家中无人，他专门找了一把大一点的伞，上到最高的三楼，推开窗子，他慢慢地把伞撑开，这时他好像看见一个游侠就在他眼前飘啊飘……他想象着手中的伞，会带着他在半空飘，然后慢慢地、慢慢地降落……

他一纵身就跳了出去。结果他直直地像一块石头一样摔到了地上。过了大概一个小时的样子，他终于慢慢地能爬起来了。

在钟南山眼里，父母的教育很传统，是典型的严父慈母。因是长子，钟南山就很"霸道"，为此也吃过不少皮肉之苦。比如吃饭时，当仁不让，鸡蛋他要最大的，有肉吃他也要夹最大块的。起初父亲只是皱皱眉头，两次之后再也忍不住，"啪"的一声打掉他的筷子，训斥道："你想一想别人还吃不吃了？"钟南山的脸"腾"的一下就红了，以后再也不那样了。

在学业上，顽皮的他没少让父母操心。他留过两次级，第一次完全是因为厌学，从贵阳到广州升到了四年级，但是他不好好学习，整天贪玩。结果，该升五年级了，没升上去，他被留在了四年级。而第二次留级，是因为他在北京上大学时参加全运会集训，所以影响了学业，这次是因为正当的理由。

但在父母的言传身教和家庭环境的熏陶下，钟南山的发展很全面。虽然曾因厌学而留级，但钟南山升初中时以高分考取了华师附中。在学校里他是大家心目中羡慕的好学生，不是单纯的读书好，同时体育和文艺也好。

当初顽皮厌学的钟南山之所以能高分考取华师附中，除了母亲对他慈爱的耐心教育，还有老师的鼓励和表扬，尤其是他的一篇作文，得到老师的好评。

钟南山在作文里写了他的一个同学。这个同学喜欢健身，肌肉很发达，很让他佩服。他比钟南山大很多，出身很贫穷，是学校雇用的保安——即校卫队的，他父亲是一名稽查员。虽然生在如此境况的家庭，但他却喜欢音乐，有很好的教养。

有一次，班里丢了钱，有人怀疑是校卫队这位同学偷的，这位同学很气愤，说他根本就不会做这种事。他问钟南山信不信他，钟南山说：信。钟南山在作文里写了这件事，老师觉得内容很真实，写出了对于一个普通贫民人家的同学的真挚情感。

老师在后面写了一堆评语，说钟南山写得很真实，很有感情，但是却没有给他打分。他去找老师："您没有给我评分呢！"老师立刻抱歉地告诉他："噢，是我忘了。"老师随手给他补上了"5"分。

老师的这一次肯定，对于钟南山起了决定性的作用。他意识到，自己完全可以成为一个好好学习、成绩优秀的学生。母亲这个时候也鼓励说，只要他好好学习，考上中学，就奖励他一辆自行车。这个许诺对钟南山的诱惑极大，他六年级时发奋读书，告别了贪玩调皮，成绩一下子直线上升，顺利考上岭南中学。母亲当即兑现承诺，给钟南山买了他渴盼已久的自行车。钟南山逐渐懂得，认真勤奋地做一件事情，取得好成绩，就能赢得别人的尊重。

1952 年，钟南山读初中二年级了，因为学习努力，所以成绩非常好。但是他和同学的关系却不算很融洽，有时同学要他帮助，或者是对他有什么意见的时候，他就不太高兴。钟南山想离开这个班级，最好的办法就是跳级。因此，从初二考高中一年级，他补习了一个暑假，考试也及格了。谁知一天校长到家中找到钟世藩，说钟南山年龄太小，跳级对他负

△ 16岁的钟南山

担太大，最好循序渐进。当时，钟南山对于校长的话有些不理解，为此很伤心，但是他只能接受事实，接着读初三。在初三这一年里，钟南山渐渐地理解了老师的用心和同学们的真心帮助，他转变了，变得关心同学了。

在岭南中学的三年间，钟南山始终是班里的第一名。初三时因为成绩突出，钟南山考取了华师附中。这一次，母亲又奖励了他。乘火车去了日思夜想的北京，这是他第一次到北京。

华师附中对钟南山的很多教育，让他终生难忘。上语文课时，老师提出了问题，钟南山踊跃回答。这位从北方过来的老师，对钟南山的回答很满意。她睿智地说出了这样一番意味深长的话："人不应该单纯生活在现实中，还应生活在理想

中。人如果没有理想，会将很小的事情看得很大，耿耿于怀；人如果有理想，身边即使有不愉快的事情，与自己的抱负相比也会很小。"后来，钟南山慢慢懂得了这句话真正的含义：一个人一辈子都要有追求。他说："我这辈子，经历了这么多，每一次都是非常艰难的，但是每一次都能够战胜困难。为什么呢？因为我自己有一个追求，假如说自己没有这个追求的话，那么这些艰难我是很难战胜的，因为经过的酸甜苦辣太多了！"

高中的钟南山，和当时许多青年人一样，开始着迷地阅读苏联文学。1953 年的中国，苏联文学深深激荡着千千万万热血青年。《钢铁是怎

◁ 高中二年级时钟南山与同学伞兵合影（左一）

样炼成的》保尔·柯察金的名言成了钟南山的座右铭：人的生命是最宝贵的。当他回首往事的时候，不应该因碌碌无为而悔恨……

几十年后，钟南山感慨地说："所以温家宝、吴仪、徐匡迪这些我们那个年代的人，受到了很好的熏陶和教育。那时教育是放到第一位的，首先考虑国家、集体，然后才是个人，这样做的时候大家都觉得是天经地义的。"

钟南山有一种不服输的性格，这有赖于他从六年级开始就参加体育比赛，参加各种竞赛。通过参加体育比赛，培养了他不服输的性格、战胜困难的勇气，学会了如何拼搏。所以，除了父母的影响，给他人生最重要影响的就是体育，特别是竞技体育。

他刚读高一时，在班里的成绩是很普通的，但他并不服气："我要追上去！"结果到高二，他的成绩真的赶上去了。

刻骨铭心北医生涯

★★★★★

1954年，钟南山参加了华师附中举办的广州市运动会，取得400米跑第四名的成绩。由于那个时候他经常参加广东省田径队的业余训练，所以进步很快，后来他读高三的2、3月份，在广东省田径比赛中他又获得了400米跑第二名。之后，他代表广东省参加全国在上海举办的运动会，在400米跑比赛中，他又取得了全国第三名的好成绩。

那时，中央体育学院给他寄来一封信，提出希望他到国家队去参加培训。钟南山跟父亲商量，是否去参加全国体院的应召。钟世藩希望儿子仍然继续好好读书，他认为做医生更适合钟南山。

当时马上面临6月份高中的毕业考试了，而且还要备战高考，所以他日以继夜地学习，当时广东共有五个人考上了北京医学院，钟南山是其中之一。

北医的招生分数是比较高的。钟南山回忆说："其实对高考的分数我并不满意，其他科都还好，但是数学好像才考了60多分，一共五道题，我只答对了三道，倒是及格了。"本来没抱太大希望，最后没想到收到了入学通知书，钟南山考上北医了。

钟世藩原来希望儿子考中山医科大学。但那个时候高考学生普遍觉得北京的大学是最好的,有谁不向往祖国的首都北京？所以他就立志考北医，上天就真的圆了他的梦。这对父母来说，当然也是意外的惊喜！

考上了北医，那里是尖子成群的地方。入学之后，钟南山发现自己在班级里并不突出，他觉得从文理附中、中大附中考来的那些同学水平都比自己高。班干部们表达能力、组织能力都很强，相比之下自己相形见绌。

班干部们在班里组织文艺活动、做义工等等方面的号召能力很强，很有方略，钟南山觉得非常值得自己学习，将他们作为自己学习的对象。"我觉得他们这些能力是需要我学习的，另外他们的学习成绩也很好，我特别记得在重大活动中班干部的表现。当时我想，这些同学是我最好的学习对象。"面对差距，他奋起直追，追赶那些在他心目中优秀的人。到了第二年，钟南山通过自己的努力真的成了尖子生。

1956年，钟南山大学一年级下学期时，学校传来喜讯：周总理要接见北京的"三好学生"。霎时间，整座学校都为这样的喜讯沸腾了。钟南山所在的年级有将近600人，但是只能选上两三个同学。钟南山的成绩不是最好，但是他有一个特殊的条

△ 1957年，年轻的钟南山参加第九届大运会

件，就是体育成绩很好，曾在高校运动会拿过冠军。所以，他幸运地入选，受到周总理的接见。回忆到这些，钟南山的脸上露出愉快的笑容："那个时候我真开心哪！"

1958年大学三年级的钟南山被抽调到北京市体育集训队训练，准备参加第一届全运会。对这突然而来的机遇，一次前所未有的挑战，生性不屈服的钟南山，也为此付出了前所未有的拼争。此时，他已经是班级和学校里品学兼优的好学生。

每天下午 5 点半放学后，钟南山都要在校园里坚持跑步训练直到日落西山。到了集训地之后，训练更加艰苦了。经过三百多个日日夜夜挥汗如雨的努力，在 1959 年第一届全运会的比赛测验中，钟南山以 54 秒 2 的成绩，打破了当时 54 秒 6 的 400 米栏全国纪录。1960 年 2 月，北医为钟南山这次破纪录举行了隆重的庆祝大会。

　　比赛结束后，北京体委提出：希望他留在体工队。钟南山考虑再三，最后作出了艰难而果断的抉择：把自己的一生投身于医学事业。这是钟南山第二次有机会从事体育事业，上一次还是 1954 年他取得 400 米跑全国第三名的时候。喜悦之余，钟南山冷静地思考着，如果要选择体育专业，他的目标就应该是拿得世界奖项。然而，考虑到自己的身体条件，权衡之后，他最终决定回到学校读书，继续从事医学专业。

　　1960 年回到学校继续读书的钟南山，马上就进入了半年的实习阶段。钟南山 1955 年入学，1958 年参加全运会，所以他只读了三年半大学。对于这样的结果，钟南山感到终生遗憾。由于只读了三年半大学，医学临床上的很多东西他都没有学到。后来，钟南山回忆说："所以后来我从北京回到广州从医，这一条路走得非常艰难，原因就是我在大学没有机会进行完整的学习。"

　　每当提起就读北医时取得的骄人成绩，钟南山就会讲到他所倡导的体育精神。他说："我为什么到现在还喜欢体育活动呢？因为它能培养人的三种精神，一个是竞争的精神，一定要力争上游；第二是团队精神；第三是如何在一个单位时间里高效率地完成任务。把体育的这种竞技精神拿到工作、学习上来是极为可贵的。"他利用会议的场合，特别是媒体的宣传，建议身边的部下、朋友，让孩子爱好体育，要培养孩子的竞争意识和合作能力，这对他们的人生很重要。

 ## 父母留给他的人生财富

★★★★★

钟南山的父亲钟世藩，是我国著名儿科专家。1930 年毕业于北京协和医科大学，后取得美国纽约州立大学医学博士学位。1946 年来到广州之后，任广州中央医院院长兼儿科主任、岭南大学医学院儿科教授。1949 年，钟世藩被世界卫生组织聘为医学顾问。1953 年，广州中山医学院院系调整后，出任广州中山医学院儿科教授兼主任。后来，钟世藩还曾任中华医学会儿科学会委员、中华儿科杂志编辑委员、中华医学会广东分会儿科学会主任委员等职，是广东省政协第四届委员。

1949 年 10 月，钟世藩全家面临着两种选择，留在重获新生的家园，还是跟随国民党残兵败将去台湾。钟南山回忆道："1949 年 10 月 14 日广州解放前夕，广州城已经可以听见解放军隆隆的炮声。国民党中央卫生署的副署长朱章庚，频繁地匆匆出入我家，动员我们一家去台湾。""朱章庚当时一定要劝我父亲走，同时要他把广州中央医院的钱一起带到台湾去。当时我父亲说，是中国人就得待在这里，而不是去台湾。"

钟世藩是一个爱国的有良知的名医，是一个诚实的人，他痛恨国民党当局的腐败，所以毅然决然留在大陆，没有随国民党一起撤往台湾。

对于父亲钟世藩童年的事情，钟南山知道得并不多。钟世藩 1901 年出生于厦门，从小和他的叔叔生活在一起。"我估计他原来是孤儿，因为祖父母早年就去世了。"所以钟世藩很早就跟着他的叔叔去厦门读书。中学毕业以后，因为成绩优异，考取了北京协和医学院。那年是 1924 年，北京协和医学院一共招收了 40 名新生，"是非常难考上的"。钟南山这样回忆说。

从 1924 年到 1932 年，北京协和医学院采取的是淘汰制，一个班 40 名学生最后只剩下了成绩优异、出类拔萃的 8 名学生，钟世藩便是其中之一。

钟世藩一生都在追求解开未知之谜。20 世纪 40 年代病毒学刚刚发轫，当时正在美国进修的钟世藩撰写了一篇关于细菌活跃繁殖状态下，产生细菌保护病毒活力作用的论文。这一重要发现，立刻得到辛辛那提大学病毒学家赛宾（A.B.Sabin）、

△ 珍贵的全家福（父亲钟世藩、母亲廖月琴、妹妹钟黔君）

约翰·霍普金斯 (John Hopkins) 病毒学家豪威
（H.A.Howe)、辛辛那提大学医学院儿科研究院
院长魏茨 (A.A.Weech) 的一致认可。与此同时，
钟世藩还首次发现了乙脑病毒可以在小鼠胎中
大量繁殖，小白鼠的胎鼠可作为乙脑病毒分离的
实验动物。

20 世纪 50 年代，钟世藩创办了中山医学院
儿科病毒实验室，利用实验室从事病毒研究及
研究生培养工作。他所创办的儿科病毒实验室，
不但是广东省而且是全国最早的临床病毒实验
室之一。

在临去世的前一天，钟世藩还给儿子讲用电
磁场来切割病毒的液体，让病毒产生一些变化，
看一看这样会不会对病毒有杀灭的作用。他和钟

南山讲这些的时候，已经知道自己病入膏肓。面对死亡，他从容不迫，镇定地吩咐儿子："找人弄来电磁铁，准备做下一步的实验。"

临终之际，钟世藩还特别交代钟南山，千万不要开追悼会，不要浪费别人的时间。

钟世藩虽已离世多年，但是谈起父亲，钟南山所透出的恭顺、敬畏之情，却仿佛父亲还在世间。父亲是他的骄傲。钟南山之所以从心底里敬仰他的父亲，不仅因为父亲的名望，更因为他崇高的治学精神和医德。

钟世藩看病不会因为别人背景不好而看不起人。有的时候他正在看书，很着急在做一些研究，但是有人来敲门了，当时他的反应也会皱一皱眉，但是病人来了，他还是照样给看，而且大多数的病人都给看好了，彻底治愈了，所以病人都是非常感激钟世藩。

无论在任何境遇之下，钟世藩都告诫钟南山：要诚实、鲜明地亮出自己的观点。钟世藩有的时候给研究生改论文，或者是讲义，他如果觉得很差，就会直接在学生写的稿子上打叉。钟南山回忆说："我心想，你不是伤害那些学生吗？可父亲说，实在写得太差了，所以要给他们非常鲜明的印象。"

父亲从来都是这样真实地表达自己的观点。所以钟南山从小受到的最重要的教育就是要诚实，把你自己内心最真实的感受说出来。诚实就是坚持真理，不讲假话。后来，钟南山坚持自己对 SARS 病源观点时的科学精神就很好地证明了这一点。

75 岁时，钟世藩开始撰写《儿科疾病鉴别诊断》，历时 3 年。

当时，钟世藩的视力已经很差，在图书馆里查找资料时，他用一只放大镜进行阅读，经常盖着一只眼睛去看，只用一只眼睛写作，让另一只眼睛得到休息。后来，钟世藩因为患白内障，视力很差，写作时他几乎整个脸贴在桌面上。一个姓温的医生，被他的精神感动，主动帮他抄写手稿，使他的心血之作《儿科疾病鉴别诊断》终于顺利出版。

这部 40 万字的儿科医学专著，钟世藩所得的稿费是 3000 元。他把其中的 1500 元给了温医生作为酬谢，还给帮助他查阅资料的人 1000元，最后他自己留下了 500 块钱，又用这些钱全部买了自己出版的《儿科疾病鉴别诊断》送给别人，所以他的稿费一分钱都没有剩。

钟南山刚刚走上医学道路的时候，父亲总是对他强调："说话一定要有根有据。"讲真话，是钟南山从小所受的教育和熏陶，从而形成了他的意识和品行，形成了他处世和立身的原则。从小父亲对他的这种实事求是的熏陶，伴随了他的一生。

父亲从来不会问钟南山钱是不是够花、收入是多少，但是却看重他在事业上的进步。钟世藩平常对自己意愿的表达，就是行动。他对儿子钟南山很少表态。当钟南山上了高中，已经不再是懵懂少年的时候，钟世藩看着自己的儿子真的像个大小伙子了，像个有志气的青年了，他欣然地拍拍儿子的肩膀，点了点头，对他说："一个人要能够给世界留下点什么东西，这个具有最大的意义。"这句话让钟南山终生难忘。

先融入社会，然后用自己的行为去影响别人。这是钟南山的人生哲学，更是他的奋斗经验。他说，融入了社会之后，他不会采取不正当的手段爬高，更不会溜须拍马，或是贿赂送礼。他认为人们之所以依赖他，认可他，这是很关键的一条。

被不期而遇的大会小会所牵制的他，总是能够从无奈被动的接受开始，最后以和谐的学术氛围，赢得满堂的喝彩而结束。

将不堪化为欣慰。这就是他化解困境的能量，是力争改变并且努力向前推动的能量。

爱祖国，爱人民，不是口号，是要有具体行动的。钟南山像一棵屹立在山巅的松柏，深深扎根在祖国的土壤里，任电闪雷鸣，风吹雨打，一颗火热的赤子之心从不动摇。

钟南山说，他要的是事业上的成就感，精神上充盈踏实。

任何的悠闲自在，对于他来说，都不如抓紧时间深入临床研究，解决疑难病症，让更多的病人摆脱痛苦。

甜蜜爱情

★★★★★

1955 年对于钟南山来说，真是双喜临门，刚上了人人羡慕的北京医学院，随后就机缘巧合地认识了自己的终身伴侣——妻子李少芬。

20 世纪 50 年代末，第一部新中国体育题材的电影风靡全国，这就是彩色故事片《女篮 5 号》。电影中描写新中国第一支女子篮球队的原型，正是在 1952 年前后组建的首届中国女篮，而李少芬就是其中的主力球员之一。

李少芬 15 岁就成为了中国女篮首批队员。作为新中国第一批国家级篮球队中的广东籍运动健将，她的体育人生曾有着一段精彩的故事。1963 年，中国参加在印尼雅加达举行的首届新兴力量运动会时，她是中国代表团护旗手之一。

虽然都热爱体育事业，但是钟南山和妻

子李少芬并不是因为体育，而是因为亲戚关系的往来而相识相知相爱。钟南山的姨婆住在北京。所以他在北京上大学后，就常常去看姨婆。姨婆有一位女伴，女伴的侄女，就是李少芬。李少芬1953年被国家体育队录取为篮球运动员来到北京。李少芬也常去看望她的这位老姑婆。李少芬是广东花都人，一个是看望姨婆，一个是看望姑婆，钟南山和李少芬两个年貌相当、志同道合的年轻人，他乡遇知己，彼此既惊又喜，情投意合，自然而然就热恋在了一起。

从1955年两人相恋到八年后喜结连理，因为李少芬要在国家队集中训练和出国比赛，所以两人始终是聚少离多。就这样，一对年轻的恋人，在相恋的道路上一直相伴成长。

1959年9月，当李少芬征战于国际赛场，

◁ 1957年夏，北京颐和园。恋爱中的钟南山和李少芬

△ 结婚合影

在北医读书的钟南山，也入选了北京体育运动队。他不仅刷新了男子 400 米栏全国纪录，次年，还夺得北京市运动会男子十项全能亚军。

1963 年 12 月 31 日，翘首以待的钟南山终于迎娶了自己的梦中新娘，载誉而归的李少芬，捧回了在国际赛场夺冠的奖杯。

两人的新房是体委安排的一间不足 10 平方米的小屋。放上一张床以及简单的家居用品后，已经是满满当当。两人的婚礼再简单不过，没有婚纱和礼服，钟南山和李少芬一对新人穿上新买来的衣服，给前来参加婚礼的客人，每人剥上一块喜糖。

李少芬婚后又在国家队拼杀了三年。1964 年，中国女篮在瑞士和法国举行的邀请赛中所向披靡，大获全胜。同时，李少芬的运动生涯已达到了巅峰。至退役时，她一共在国家队搏杀了13个年头。

1966年退役后的李少芬本来可以留在国家队当教练的，但考虑到养母和公婆远在广东无人照料，她执意回到广东。回到广东后，她在省队又一直打球，到1973年38岁时她才彻底退役。退役后的李少芬，曾任广东女篮教练、省体工大队副大队长、省体育运动技术学院副院长以及中国篮协副主席、广东省篮协副主席。

当时，广东省体工队要重新组建省篮球代表队。已经退役返回广东的李少芬为了年幼的儿子，为了赡养家中的三位老人，已经34岁的她再次穿上运动鞋，开始了在篮球队的征战生涯。

在钟南山与李少芬夫妻的教育下，一双儿女也是学有所成，钟南山一家堪称广东乃至全国知名的体育和医学的双重世家。因为他们的女儿钟惟月在20世纪90年代是国内优秀的游泳运动员，获得过世界短池游泳锦标赛100米蝶泳冠军，在1994年还打破了短池蝶泳世界纪录；他们的儿子钟惟德是广州市第一人民医院泌尿科医生，也是医院篮球队的主力。

跟钟南山过了大半辈子的李少芬，是最理解钟南山的人。每当丈夫从单位、从千里之外的任何地方回来，即使劳累得对自己少言寡语，她也特别满足和开心。因为她那颗悬着的心，总算能够放下来。钟南山说一句"累死了"，就让她没有了任何怨艾。因为她知道他累，真的很累。

2003 年 1 月 29 日，钟南山以疑似非典病人的身份回家时，妻子李少芬最直接的反应不是自己会不会被传染。她对钟南山又怜又惜又疼，但是，却不敢对钟南山多说半句，怕增加他的精神负担。在那些日子里妻子所做的一切留在了他心里，在钟南山的记忆里是那么细致、清晰。钟南山回忆说："我回家以后她让我把所有的衣服都脱了，然后叫我去洗澡。以后就没有让我出去了，也不让别人来看我，除了一些领导，还有护士，护士每天来是给我打针的。所有电话她不让我接，包括当时有一个书记问我去哪里了，她说我出差了。她还做一些容易消化的食物给我吃，反正当时给我一个印象，最困难的时候是她给予我最真心真意的照顾。"

　　五天以后钟南山复查的结果，左侧的肺炎阴影消失了，让李少芬放下了一颗悬着的心，但见到钟南山当时很虚弱，手里拿着东西都会不自觉地掉到地上，她就让钟南山又休息了三天。三天过去了，她很不情愿地同意了他去上班。

　　李少芬是一个不愿见记者的人。她不愿意因为丈夫的原因接受采访。总之除了温暖的生活，稍有浮华不实之嫌的"热闹"，都不属于她的兴趣，不是她的快乐。

　　李少芬是一个对功名利禄不闻不看、态度温

和的人。钟南山得了奖，她会为她高兴，会祝贺，因为他太辛苦了，但她绝不会喜出望外。她从来不会过问与奖金有关的事情，尽管她曾经和丈夫一起度过艰难年代。这么多年来，钟南山从来没有领过一次奖金，所以李少芬不会指望丈夫的任何奖金。同时她也知道奖金是直接用于科研及人才培养。

艰难中的磨炼

☆☆☆☆☆

钟南山从北京医学院毕业后留校成为了一名教师，从事放射医学，主要研究原子弹爆炸时射线对人体的危害。

1964年底到1966年初，钟南山从北医被派往山东胶东半岛乳山县下乡体验生活，积极投身于"四清运动"，与农民同吃、同住、同劳动。

钟南山临行之前，向党组织递交了入党申请书，决心要在"四清"期间经受考验，准备加入党组织。如他自己所说，对任何事情，他总是首先看到积极、乐观的一面，即使他经历了痛彻肺腑的事情。

来到山东胶东半岛乳山县后，钟南山住在老乡家里。北方农村的生活条件是从小在南方长大的钟南山始料未及的，很是艰难。他睡的是那种没有人烧的火炕，在冰冷的屋子里，身上的虱子到处乱爬。

寒冷的冬天，睡到半夜，实在顶不住了，所有的棉衣都穿上还是不行。睡觉的时候不是躺在床上，而是跪在床上，整个身子蜷缩在一起，所有可以挡风御寒的东西一件件压在身上，每天这样一直熬到天亮。

虱子咬坏了他的脚踝，难以忍受地瘙痒，被咬破的创面开始化脓，然后是浮肿，眼看着浮肿一天比一天严重。冬天冰天雪地，脚踝已经肿得像一个球，后来肿到直径有六寸那么大，穿棉鞋根本系不上鞋带，但是他每天照旧一瘸一拐地出工。

到了春节过大年，公社放假10天。村干部告诉钟南山，他可以回去几天。这时他有了可以回城治疗的机会。脚踝脓肿到这样的程度，一旦出现骨髓炎就得截肢，就要终生残废。

运动员不能继续做，医生不能做，万一再落个残疾……时间再长，他的脚就真的要保不住了，他和朋友借了钱，途经郑州乘飞机回广州治疗。经过医生的精心治疗，很幸运脚保住了，也没留下明显的疤痕。

另一件让钟南山记忆深刻的事情，是他的入党问题。那时对家庭成分审查极严格，他的父亲正处在审查阶段。钟南山知道，这件事不能急，需要好好表现，耐心等待。钟南山治疗脚伤之后就返回了乡下，带病坚持劳动。由于他表现突出，受到农民的一致好评，一年后他在鲜红的党旗下庄严宣誓，光荣地成为了一名中国共产党党员。

那次下乡对钟南山触动很大，钟南山和山东半岛乳山县的农民共同生活，产生了很深的感情，直到他 40 多岁以后，乳山县的农民还写信给他，希望他"回去看看"。

结束了下乡生活，钟南山回到了北京医学院。回到学校之后，钟南山先后担任了学习毛泽东思想辅导员，和学生们一起徒步重走红军长征路，做过校报编辑，1968 年甚至还烧了半年的锅炉。

那个年代的锅炉是"八连通"，体积大，用煤量也极大，要不停地往炉膛里送煤。炉子的温度特别高，烧的时候温度勉强能够忍受，干的时间长了，钟南山也慢慢习惯了。可是每天要清理一次炉膛，要把炉膛里已经烧焦了的炉渣，用铁钩子撬出来。那个温度实在烤得人受不了，被翻起的炉灰、高温的烟尘，呼呼往外冒……

钟南山用斗大的铁锹，一锹一锹地铲起几十斤重的煤炭，双手握住锹把，把煤甩进熊熊燃烧的炉膛里去。这样的工作一干就是从早到晚一天，几天下来，钟南山感到体力开始透支，超强度的工作向他的生命极限发出了挑战。就在这时，一年一度的献血报名开始了，这是自愿报名。那时大家因为普遍的营养缺乏，很少有谁自愿报名。即使不献血，很多人的体质都不够强壮，而献血之后，身体的营养又无从保证。不过，钟南山还是主动要求献血，400 毫升鲜血从他这个锅炉工的身体里流出。按规定他本来可以休息几天，但是钟南山白天献完血，晚上还是按时去值班烧锅炉。每铲一锹煤炭，他的双手就不停地抖，虚汗顺着额头往下淌，但是他都咬牙挺住了。

除了工作的辛苦和劳累，与妻子离别的痛楚更是折磨着钟南山的心。

1965 年，妻子李少芬离开北京回广州的时候，钟南山正在胶东下乡参加"四清运动"，从这一刻开始两人度过了数年牛郎织女般的生活。

1967 年，在钟南山夫妻俩结婚四年之后，李少芬怀上了他们的第一个宝宝，第二年李少芬生下了他们的儿子钟惟德。1968 年，李少芬临产之前和父亲钟世藩一起到火车站去接从北京好不容易回广州探亲的钟南山，当时李少芬离预产期还有两个星期。钟南山从北京带回十几罐奶粉，火车上拥挤不堪。在车站连挤带累，接回了钟南山的李少芬，第二天早上就生下了他们的儿子。钟惟德出生的时候只有五斤多重。

从 1968 年儿子钟惟德出生，1969 年和 1970

年，钟南山都想尽办法回一次家，看望年迈的父亲、心爱的妻子、年幼的孩子。但是每一次离开家，他都几乎寸断肝肠。1971年，一纸调令，把钟南山从北京调回了广州，夫妻俩终于结束了数年的牛郎织女般的生涯。

部队的调令就是命令。头一天发来调函，第二天，钟南山就返回家乡了。

从35岁开始

→ 铩羽而归

★★★★★

　　一纸调令使钟南山终于结束了牛郎织女般的生活，可以回到广州与父亲、妻儿团聚。此时，钟南山的心里仿佛打翻了五味瓶。从大学毕业到 1971 年的八年里，钟南山几乎没有做过一件和临床沾边的工作，整整八年时间就这样虚度了。

　　1971 年初冬的广州已经是满目青葱，大地富于生机。带着一路的疲倦，钟南山走下了列车，看见了日夜思念的妻子。

　　李少芬发愣半晌，站在自己面前的，是让她年年等月月盼的爱人南山？！她半天说不出话，他真的回来了？真的再也不分开？她仔细端详着丈夫，他仿佛比实际年龄老上 10 岁，又黑又瘦，衣服摞着补丁，已经是不能再破旧了；一双大眼睛，那让她心旌摇动的眼神，满含凄怆，却还是那股拧劲儿，闪着不屈的光。

钟南山则无限怜惜地望着面前曾经叱咤体坛的爱妻。为了他，为了这个负担沉重的家，她担惊受怕，日夜操劳，虽年纪尚轻，却已是面带沧桑。

他满脸是泪地接过妻子怀中的儿子，一股强大的力量，使他一下子感到温暖和坚强。

晚上，父亲和钟南山聊到很晚，讲他在外面的一些事。老人家静静地听着，忽然插了一句话："你今年多大了？"

钟南山马上回答："35了。"

"哦，都35了。"钟南山一个晚上心里不停地在掂这句话的分量，父亲的意思一定是在说，都35岁的人了，还一事无成，只是不好这样责怪他而已。直到今天，已经76岁的钟南山，还是不能忘怀父亲当年只说了半句的教诲。许多年以来，钟南山总是说，他的医学事业是从35岁才真正开始的。

钟南山回广州时，领导让他随意挑一个喜欢的单位。在广州市的众多医院中，最好的当属中山医科大学，其次是广东省人民医院。但是最后，钟南山选择了广州市第四人民医院。第四人民医院是当时广州最小最破的医院。医院虽然最小最破，但是离家只有一街之隔。

第一天上班，钟南山沿着一条小巷子，来到了又旧又破的第四人民医院。钟南山很希望从事外科工作。但是他根本没有搞过临床，大学只读了三年半，后来从事的生物物理也是一个新领域，所以他被分配到内科。

钟南山来到内科门诊的楼层，面前的一切实在让他心寒：

有几把破凳子，医生就坐在那些破凳子上给病人看病。诊室内外的一切破旧不堪，简直难以入目。

钟南山不由得心想，难道我就在这么一个地方，一个很破很旧的医院里一直混下去? 30多岁了还去学一个内科? 慢慢跟着人家学? 不行! 我将来绝不会就是这个样子! 我一定要干出点名堂来，一定要改变这里! 一生不向困难低头，这就是个性鲜明的钟南山。

钟南山在内科工作了大概两三个月之后，他就觉得太单调。因为来来回回都是开一点药，所以他就要求去急诊室，因为急诊室的工作是最辛苦的。刚开始去的时候，他对业务一点都不懂，但是他想接受这方面的挑战。他敢于正视自己的不足，喜欢迎接挑战。要求自己对工作产生兴趣，然后一点点从基础做起。

在急诊室工作不到一个月的时候，发生了一件让钟南山铭记终生的事情。一天主任叫钟南山出车到广州郊区的罗岗去接一个重症病人。当地卫生院说有一名结核病患者，现在咳血，要钟南山把他接到第四人民医院。这本来是一个简单的任务，所以急诊室主任让钟南山给病人做处理。不巧，那天又下起了雨，二十多公里的路程足足开了三个小时才到。钟南山一行人到达地点后，看见病人的嘴边有血，就作了一般的处理，止血以后把病人抬上了救护车。可是，上了救护车以后，也就过了一个半小时的样子，病人又出血了。当时钟南山看了一下,血是黑红色的,他给病人补了液并注射止血药物之后，就送到了广州市越秀区结核病防治所。

完成任务后，主任见到他还夸奖了他。虽然钟南山回家后已经很晚，但是他自己挺高兴的，因为是第一次独立完成任务，还挺顺利。可是，第二天一大早，急诊室主任尤素贞就严肃地找他问："你昨天接了一个什么病人？"钟南山说："接了一个结核病人。""你搞错了！你赶快去那边病房，把这个病人接回来。病人在那边继续出血，不是咳血，是呕血！"原来病人是因为消化道出血，而不是因为结核病咳血！钟南山急忙将那名病人接到急诊室来。

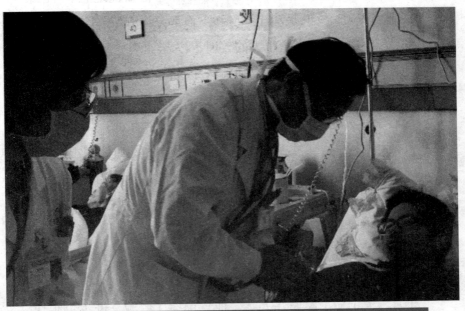

△ 钟南山每次查房或出诊，无论冬夏，他都是一边询问病人病情，一边用手捂热听诊器

病人到了急诊室就大口大口地呕血，这个时候病人呕出的血完全是鲜红色的，所以血压都快降到零了，钟南山非常紧张。他赶快去找来外科大夫余真给病人做手术。手术后发现，原来病人被一根鱼刺扎在胃黏膜的微小动脉上，是微小动脉出血。因为手术及时，病人被救活了。

第三天，有人向尤主任反映，像钟南山这样的人，怎么能够留在急诊室呢？尤主任找来钟南山谈话，希望他能回到门诊去工作。因为尤主任整天为钟南山提心吊胆，急诊的工作具有一定危险，让经验不足的钟南山单独处理病人弄不好要出人命的。

这次教训使钟南山受了极大的刺激，他惭愧地想：自己名义上当了大夫，但是却连咳血和呕血都分不清楚，这是最基本的认知。这给了他一个很大的教训，因为毕业后一直没搞过临床，他连这个基本的知识都不知道。从那以后，钟南山更加虚心求教，向外科大夫余真认真学习。余大夫每一次处理病人，钟南山都用心学，看她是怎么处理的，她为什么要这么处理，她要给病人做什么检查。每次跟余大夫学完以后，钟南山晚上回到家里，要做大量的功课。因为当时搞过基础医学，所以还是比较了解她为什么要做这个或那个检查。钟南山把每一个病人的每一次检查说明什么问题，她为什么要做这个诊断，她用的是一个什么么治疗方案等等，都一一记录下来。

就这样，钟南山像认真识字的小学生一样，苦苦学习了三个月，笔记做了厚厚几大本，他逐渐有了经验，进步也很快。因为在急诊室做得很不错，钟南山就要求进病房，进病房能学到更多的东西。内科主任告诉钟南山，病房眼下只能进一个医生，如果他进去，那么另一个医生就要出来。内科的人坚决不同意，因为郭南山是业务骨干，而当时钟南山的水平要相差很多。没能进内科病房这件事给了钟南山重重的一击，但是他挺住了，他暗自说，不能怪人家小看自己，只能怪自己没本事。他在急诊室努力工作，很快就成了好手，活儿越干越漂亮。大家逐渐信任和欣赏他了，很多工作都放手让他去做。但是，他始终惦记着进病房那件事……

 # 一个研究所的诞生

★★★★★

机遇是给予有准备、不服输、敢于进取的人的。

1971 年，毛泽东主席得了慢性支气管炎、肺源性心脏病。但是，这种疾病没有有效的治疗方法。20 世纪 70 年代，我国对于呼吸疾病的研究还很落后，还没有一家专门的研究机构。于是周恩来总理号召全国医疗系统开展对慢支炎的群防群治运动。

第四人民医院响应上级的号召，组建了呼吸疾病治疗科室。1972年，钟南山被分配到慢性支气管炎小组。当时，慢性支气管炎小组的建立和主持者是侯恕，所以至今他被人们尊称为广州呼吸疾病研究所的奠基人。从那个时候，钟南山开始了自己医学生涯辉煌的第一步。一切都是从头开始，钟南山探究的触角伸向了多种与治疗呼吸系统疾病有关的领域，其中就包括中医的疗法和理论。

自从来到慢性支气管炎小组，钟南山仔细观察到，每个病人咳出来的痰都是不一样的，有黄的、绿的，还有泡沫状的、黏稠的。他时常下意识蹲在地上，认真观察病人吐出的痰液。

基于北医毕业时搞过一阶段生物物理专业，做过一些生化试验，钟南山就对病人咳出来的痰液进行了一个生物化学的分解，看看里面的成分。经过试验，确实发现了同样是慢支炎，但其分泌物却有不同成分。根据不同的情况，钟南山考虑是不是要用不同的治疗方法，那时他们跟中医科也有联络，学习到一些中医讲究的五脏六腑的综合调理办法。

在学习中医的过程中，他了解了中医对呼吸系统治疗的方法，对此他能讲出一番大道理，尤其可贵的是，这些道理他都在工作中运用过。当时钟南山采用了中医的治疗方法，并和西医的局部性状治疗结合起来进行，认真地向小组长老医生侯恕学习。在侯医生研究的基础上，采用一种"紫花杜鹃"的草药来配合进行中西医治疗。这样的治疗方法真的不错，有效率竟达到 50% 以上。

1977 年，联合国世界卫生组织传统医学代表团来中国参观，到了广州以后，就开始了解中国的传统医学，最后来到了慢性支气管炎小组。钟南山和小组成员就借这个机会，将慢性支气管炎的中西结合治疗，向来访外宾作了仔细介绍，得到了专家的高度评价。

此后，广东省卫生厅建议他们成立一个研究所，就这样慢性支气管炎小组发展成为了今天的广州呼吸疾病研究所。这里也成为钟南山日后事业的基石。

钟南山想，仅仅治疗慢支炎面就太窄了，应该拓展到对肺气肿、呼吸衰竭、肺心病的治疗，这样可以学到更多东西。他知道自己的知识面太窄，因为他的临床知识太欠缺了。

为了使研究和诊疗能够拓宽领域，而不仅只是支气管这一个局部，钟南山他们开始琢磨，有什么动物是和人的结构相似的，结果发现猪和人的心脏最接近，猪的肺和人的肺也类似，猪也会得肺心病。他们就想办法买来了一只很大很标准的猪，然后自己做实验，研究肺心病的生理变化。

当时买一头猪要 200 多块钱，钟南山他们自己凑了一些钱，公家给了一些。事实证明对猪的研究结果，缔造了呼研所作为一个医学研究机构的雏形，对以后的医学研究起到了非常大的指导作用，使一个小小的慢支炎小组，有了国内最先进的科研水平，而且有了国内最新的医学发现。

对猪的实验是科研上台阶的一个里程碑。别人很少做，钟南山却一直坚持着做。通过对猪进行的实验，钟南山和同志们发现了在不同的缺氧程度上肺动脉的规律。另外在缺氧的情况下，观察一些介质的变化，像组织胺，还有前列腺等。研究成果是相当出色的。在四年后的全国呼吸疾

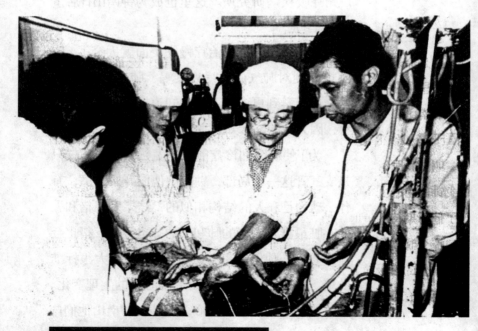

△ 钟南山与科研人员一起用猪进行动物实验

病会议上，他们研究小组的成果获得专家们的高度评价，此后多篇研究成果的报告，分别刊登在国家级的专业杂志上。

1978 年，第一届全国科学大会在北京隆重开幕了。钟南山作为广东省的代表参加了这次历史盛会，他与侯恕合写的论文《中西医结合分型诊断和治疗慢性气管炎》，被评为国家科委全国科学大会成果一等奖。

这次大会让钟南山的心情久久不能平静，这届大会，汇聚了当时几乎所有的科技工作者，会上科技工作者们都阐述了科学对一个国家、一个民族的重要意义，大家对未来祖国科技的发展和进步，都豪情满怀地表达了自己的信心。

广州呼吸疾病研究所，从一个慢性支气管炎防治小组，到成为国家级重点实验室，至 2009 年 11 月，它走过了 30 年艰辛却辉煌的历程。钟南山将他大半生的心血都浇灌在了这个研究所。

1972 年，侯恕领导的小组在慢性支气管炎动物模型和实验治疗方面，于全国小有名声。时值"文革"后期，开始拨乱反正，文教卫生系统开始着力整顿组织，提高科技水平。该小组凭借此"天时"的大好东风，得以增加人手，扩大组织，强化实力。

这时，钟南山也开始构思起草了一个顺应潮流的宏图大计：

一、慢性支气管炎研究实现一条龙计划，慢支炎、肺气肿、肺心病一条龙。

二、动物实验研究与临床研究一条龙。

三、实验室、病房、门诊和一个定点市郊的慢支炎医疗基地一条龙。

这就意味着需要增加多方面的人手、设备和开拓空间。大概任何一个有事业心的人，都可能有过这些想法，但是在当时的条件下，完成这个宏图大计，其难度是可想而知的。但钟南山没有放弃，他一直走到底，这就是他成功的原因。

他首先先向上级禀陈利害，终至计划得到支持，上级空出那个以前长年用来办学习班的东一病区。慢性支气管炎小组这才有了独立的门诊和病房，而且能够开展临床研究。也算是麻雀虽小，五脏俱全。

 ## 无人问津的学科，他却做出了大名堂

★★★★★

民间有句俗话，叫名医不治喘，治喘不露脸。这句话的意思是说气管炎迁延难治，也没有医院能够治好。当时的一些医生认为搞慢性支气管炎医疗是没有出息的，没什么好做的，是一门无人问津的学科，但是钟南山却用自己的行动证明，是可以做出大名堂的。

搞呼吸研究，实验数据首先重视的是肺功能。当时侯恕领导的慢性支气管炎小组只有一台陈旧的肺功能仪，勉强还能得出肺通气功能的数据。但是，当进一步要了解病人的血氧含量及血二氧化碳分压的资料时，就必须增加设备。当时世界上已经使用自动微量血气分析计，方便准确，但必须进口，而且价格惊人，全国也只有寥寥的三台，是远水不救近火。

1973年全国肺心病会议召开在即。初生的慢性支气管炎小组必须拿出有分量的论文，才能跻身全国科研行列。那时如果没有先进的设备就很难谈得上研究的突破，慢性支气管炎小组亟须做血气分析。庆幸的是小组又在仓库找出一台血氧饱和度计，但是不幸的是已经不能正常工作了。为了能早日开展研究工作，钟南山以他三顾茅庐的热诚，抱着这台已经报废的机器，赶往上海寻求肺功能专家李华德的帮助。最终，在李华德的帮助下，血氧饱和度计被修好了。当钟南山抱着这台宝贝回来的时候，慢性支气管炎小组所有成员的心情像刚打完一场大仗，高兴得又哭又笑。从修好机器到测试数据，实验室又做了一系列工作之后才把它应用到临床。

当时几乎所有的肺科研究单位，都在为没有血气分析仪这种机器而诉苦。钟南山与侯恕没有抱怨和等待，而是苦苦研究肺功能仪进货的历史，决定古为今用，采用重复呼吸气体分析的方法，来代替血气分析仪计算出动脉血二氧化碳分压。这一方法有几个关键的仪器，一个是气体分析仪，用作分析病人呼

出气体的二氧化碳含量，一个是连接病人呼吸
道的氧气囊及三通开关。但是，这些必需的设
备也都没有现成的。为此钟南山开始四处打探，
最后在学院某个基础实验室借来了一台人家不用
的气体分析仪，花了不少精力加以改装，以适应
自己测定的需要。又在机械室以及某个他相熟的
机床厂的帮助下，经过反复设计修改，造出了一
个铜的三通接头，能适应温度、湿度的经常变化
而不生锈，毋须润滑剂而能顺利变换开关模式。
当别的医院因没有血气分析仪而研究上不去，叫
苦连天的时候，钟南山他们就是用这一古为今用

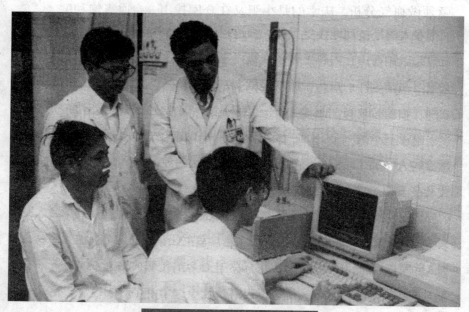

△ 钟南山指导研究生进行科研工作

的方法，写出了一系列提供血气资料的肺心病研究论文。慢性支气管炎小组这种独创性和自力更生的精神，已使他们在广州地区备受瞩目。

在铺排研究题目方面，侯恕和钟南山都非常注意国内外的动向，竭尽全力追赶。他们所在的慢性支气管炎小组是广州地区最早使用纤支镜，并将其用于治疗呼吸疾病的治疗，从申请外汇到订购，从远赴杭州学习使用到建立纤支镜室，钟南山事事亲力亲为。

建立各个实验室，开展多项动物实验，为临床科研提供补充和对照，一系列扎实的工作，一边是临床，一边是科研，有如展开双翅，使这个新生的小组写出了慢性支气管炎许多高质量的论文。当时，医学期刊刚刚开始恢复正常出版，条条框框极多。但是慢性支气管炎小组却率先在1974年和1975年先后将论文发表在《中华医学》杂志和《中华内科》杂志上，填补了广州地区多年以来没有论文在国家一级医学刊物发表的空白。

在研究所正式挂牌之前，侯恕是行政负责人，钟南山没有行政职务，但他却是实际上的灵魂形象。除了包办对上、对外联络的一切杂事以及负责实验室的业务，他也参与查房、抢救危重病人、值夜班、疑难病例的讨论。在呼吸衰竭的合并症中，比较早就观察到有弥漫性血管内凝血的现象，有酸中毒和碱中毒两种不同的肺性脑病的表现，将这些临床现象提升为规律，需要耐心、敏锐的观察力和思考力，这都是集众家的智慧总结而成。挂牌之后任命钟南山为所长，侯恕为副所长。

无数例呼吸衰竭病人抢救成功，钟南山始终参与全过程。钟南山在对一个疑为肺癌的顽固性咳嗽者的纤支镜检查中，经仔细观察，在其右主支气管中取出几粒鸡骨，从而治愈了困扰病人多年的顽疾，开创国内纤支镜用于钳取气管内异物的先河。

钟南山非常重视人才，在当时经费比较紧张的条件下，为了鼓励科学研究，不管别的医院实验室的人奖金比医生要低很多的事实，他主张在研究所科研人员的奖金跟临床医生一样，实验室主任跟临床主任的也一样，技师跟主治医生的一样，而且这么多年一直都是如此。

英伦求学

2008 年，钟南山应邀到爱丁堡大学
讲学，与当年的导师弗兰里教授夫人合影

→ 初到英伦

★★★★★

　　国际列车像一条粗黑的铅笔道儿，从中国首都北京向莫斯科方向延伸。已到不惑之年的钟南山就坐在这趟西去的列车上。与钟南山同行的还有 15 个人。他们一行人，是改革开放以后，被国家派出去深造的留学人员。其中有搞航空的，有搞数学的，还有搞原子能的。好几个人后来都成了院士。钟南山，他将到英国爱丁堡大学进行学习。

　　因为国家经济紧张，所以他们没有坐飞机，而是乘坐国际列车。列车穿越西伯利亚、贝加尔湖……进入波兰，然后先通过当时的东德，穿越柏林墙，进入西德，他们一行再由河湾坐船横渡英吉利海峡。

　　当列车到达西德之后，发生了一段让人意外的小插曲。

　　因为经济紧张，钟南山一行 16 人担心出国之后的消费压力，所以每个人都带了很多手纸等日常用品；半人高的行李袋里塞的是瓷瓷实实的洗衣粉。钟南山是组长，上车时，他帮助每一个人，把一个个大包摆放在列车的行李架、卧铺下和所有能放行李的夹缝里。

列车驶过柏林墙后，进入了西德境内。西德警察为防止乘客走私海洛因，所以要上车检查。车门忽然被打开，高大凶猛的警犬猛然间跳上来用鼻子嗅起来。很快洗衣粉被发现了，白色的粉末乍一看和海洛因有几分相似，当时空气像是要冻结了。德国列车长、警探，都用狐疑的蓝眼睛冰冷地审视着他们。洗衣粉被一包一包地打开，德国人用德语不停地发问。情急之下，钟南山用并不流利的英语大声地说"Washing powder"（洗衣粉）！

德国警探看着满脸诚恳的钟南山，把沾有白色洗衣粉的食指慎重地贴近嘴唇，然后皱着眉，轻轻地摇头，用认可的语气重复了一遍："Washing powder。"

火车马上就要起程了，洗衣粉却散了一地。

经过 9 天的长途跋涉，钟南山一行人在英吉利海峡登岸，到达了他们的目的地——英国。

伦敦大使馆的工作人员接待了他们。

16 个人到伦敦之后的第一件事，不是去见专家，也不是立刻投入到专业学习中，而是先到伦敦西部的伊林学院学习英语，时间大约是三个月。虽然钟南山一行 16 人在国内经过英语强化培训，但初到英国还是面临语言难关。

伊林学院，1843 年建校，现已更名为伊林·哈默史密斯伦敦西部学院。这座已经有着一百七十多年历史的学府，目前已发展为全英及世界上规模最大和在校人数最多的高等教育学府之一。

学英语首先要听得懂，听懂之后才能和人家交流，所以听力是最关键的。初到英国，钟南山每天晚上都用一个小时来专门听录音带。听完了以后，他把每一句话都写下来，有些句子实在听不懂，他就找一些朋友、同事来帮他翻译那句话的意思。就这样他记了满满三大本笔记，在听力上他下了苦工夫，经过三个月的努力，他终于有了很大的进步。钟南山总是希望把自己一些成功经验介绍给别人，推荐给社会，以便让更多人走上成功的捷径。后来，他把自己学习英语的经验，专门写了一篇文章，刊登在香港的《大公报》上。

在伊林学院学习英语的同时，求学心切的钟南山给他的导师爱丁堡皇家医院的大卫·弗兰里教授写了一封信，在信中表达他对这位教授的期待。弗兰里在英国是著名的慢性病专家，钟南山与他从未谋面，但读过他的文章，非常敬仰他。但是一个多月过去了，并没见弗兰里的回信。

弗兰里终于回信了。但是钟南山看到的却是这样的回复："按照我们英国的法律，你们中国医生的资历是不被承认的。所以，你到医院进修不能单独诊病，只允许以观察者的身份，看看实验室或看看病房。根据这个情况，你想在我们这里进修两年的时间显然太长了，最多只能八个月，超过这段时间对你不合适，对我们也不合适。你要赶快同英国文化委员会联系，考虑八个月之后到什么地方去……"这封信如同一盆冷水泼到钟南山火

△ 钟南山留学英国时的室友，分别来自美国和坦桑尼亚的留学生

热的心上。但是钟南山很快就让自己的情绪沉静下来，冷静地进行分析：弗兰里对中国不够了解，更看不懂他用中文所写的文章。所以，他不能灰心丧气，三思之后他决定亲自去见弗兰里教授。

1980 年元旦刚刚过去，钟南山就乘火车由伦敦前往爱丁堡。但是同那封措辞冷漠的信一样，钟南山与弗兰里教授的第一次会面并不顺利。

钟南山与弗兰里教授相约的时间是上午 10点，他 9 点半就到了。

在弗兰里教授的办公室里，坐在高背椅上的弗兰里教授没有转身面对钟南山，而是煮着自己的咖啡。钟南山再次领教了英国人特有的傲慢，空气死一般沉寂。

"Doctor Zhong"，弗兰里教授语气不解地问道，"你想用一个月的时间看看病房还有实验室？那你想干什么呢？"他的言外之意是，你们来留学不是来参观的吗？为什么还有那么多不必要的要求？

英国专家虽然傲慢，但是在学问面前，绝无种族偏见。1980年1月20日，就在钟南山初次拜访弗兰里教授不久的一天，弗兰里教授在教室里看见了钟南山，钟南山忙上前施礼。弗兰里忽然若有所思，他双目炯炯地打量了一下钟南山问："你能不能讲一讲中国的医疗？"

钟南山听懂了弗兰里说出的每一个字，"OK！"他几乎是条件反射般地一口答应下来，他心中的郁闷仿佛也随之消散了很多。

然而这随之而来的，是重重压力，他要用不到一个月的时间进行准备。从哪里入手？都要准备些什么？中国的中医不仅博大精深而且浩如烟海，从何讲起？都讲哪些东西？更何况当时钟南山的英语水平还无法胜任这样一场讲解，而且是即将面对全科五六十人进行讲解。不能在挑战面前屈服，不管自己背后要承担多大的压力。不能让人这么小看中国人，一定要把中国医学的优势和实际情况介绍给他们。这才是他钟南山！

钟南山初步拟了一个 8000 字的讲稿，准备的幻灯片内容是围绕中国呼吸疾病方面的治疗方法，并请了当时住在同一宿舍的上海复旦大学英语系朱老师为他指正和修改。朱老师很认真地修改了错误的语法，但不无担忧地对他说："你首先要写得好，这是对的，但是关键得让人家听得懂啊。"钟南山采用了一个笨办法，把 8000 字的内容尽可能全部背诵下来！他吃饭时背，睡觉前也背，不错过一分一秒的时间。

一个月以后，恰好是中国农历腊月二十九，这天下午，钟南山的演讲即将开始。教室里座无虚席。

教授向大家介绍："一名从中国来的医生，他叫钟南山，将为大家讲一讲中国的医疗。"

钟南山拿着自己制作的幻灯片和讲稿，走上了讲台。他不由得紧张，手有些发抖。

他从中国的传统医学讲起。他讲中医与西医呼吸医学诊断相通的诊断方法，讲中国是如何观察病人舌相的，讲出了两者相通的理论。他说西医在没有对病人做血液分析、进行初诊的情况下，可以借用中医的这一诊疗方法：观察病人舌头的颜色，以此判断病人缺氧和酸碱平衡甚至其他问题。

他还讲解了其他方面，如中国古老的传统医学针刺麻醉，这是中国独有的医学瑰宝，在中国长期运用于临床。

他开始时的紧张，随着大家注意力的被吸引，很快放松了。他越讲越有信心，不知不觉，大半个钟头过去了。他终于讲完了，全场热烈鼓掌。

钟南山在此次的介绍中，将呼研所做的研究全部派上了用场。从 1971 年开始，到 1978 年他研究慢性呼吸疾病、呼吸衰竭、中国人治疗的方法。中国人在慢性支气管炎方面的研究让英国同行耳目一新，中国人的勇气，也令英国同行刮目相看。

800毫升血与人体实验

☆☆☆☆☆

从 1 月份到达皇家学院，钟南山虽然备受英国人傲慢的冷遇，但同时也感受到，英国专家在知识面前的平等态度，他们非常看重同行的能力，不仅不会带有偏见，而且是非常的尊重。

时间是稍纵即逝的，两年的进修时间并不算长，一分一秒也不能等，要想在学习和研究上取得成绩，钟南山需要一台试验用的血液气体张力平衡仪，而且是尽快要有一台这样的仪器。说来也巧，皇家医院呼吸生物化学实验室就有一台，但是却出了问题，已经闲置一年多了。实验室主任罗伊对这台仪器根本就不再抱什么幻想，正准备重新拨款购置新的。

"我来试试。"钟南山主动向罗伊主任说。罗伊听清楚了，这位中国医生钟南山是想将这台仪器废物利用。既然如此，那好吧，就送给他一个"玩具"吧。

钟南山的请缨并非不自量力，而是胸有成竹。"我从北医毕业以后当老师，是搞生化研究的。那时候我的操作能力比普通医生要强，这对我后来在英国的帮助真是太大了。"

在钟南山的努力下，这台已经闲置一年多的血液气体张力平衡仪被维修如初。但是维修之后还需要检测，而检测是需要血液的。检测的血液要从哪里获得呢？钟南山开始从自己的血管里抽出血来进行检测。他一边抽血，一边检测，一共做了30多次。终于成功了！这台血液气体张力平衡仪的罗盘终于像苏醒了一般，在钟南山眼前开始有序地运转。

"这可是节省了3000英镑！"罗伊惊喜不已。站在一旁的摩根医生十分不解："钟医生在中国也修理过这种仪器吗？"

"哦，不，我是到皇家医院才第一次看到这种仪器的！"钟南山如实回答，以前只是知道而已。

有了仪器这才是第一步，第二步是开始做实验。钟南山的实验内容是刚到这所医院就开始准备的，而且是一个极具挑战性的实验：关于一氧化碳对人体血红蛋白解离曲线的影响。

钟南山从浩瀚的资料分析中发现，研究一氧化碳对人体血红蛋白的分析，不仅符合自己研究呼吸系统疾病的方向，也是弗兰里教授期待开展的项目。因此他夜以继日地钻研，终于完成了对这项实验的设计。

弗兰里教授疑惑地接过钟南山的设计，看过之后连连赞许："OK ! Doctor Zhong。"他第一次握住了钟南山的手，"我们想到一块儿去了! 我支持你!"

这之后，许多烟民一下子成为钟南山这个不吸烟者的朋友，他们中有留学生，也有中餐厅的老板。钟南山寻找他们，是为了让他们作为自己的检测对象，从观察这些吸烟者在吸烟不同浓度时，分析对血红蛋白曲线的影响。尽管如此，钟南山还是感到资料比较零散，影响实验的有效性。要完成这个实验、确保实验的准确性，需要有通过系统观察得出的准确数据。怎么办? 钟南山想到了一个最可靠的方法：用自己的身体来做实验。

他让同行一边给他吸入一氧化碳，一边根据吸入的情况不时地抽血检验……当人体血液中输入一氧化碳浓度达到15%时，即相当于一个人连续吸食了50至60支香烟的量! 而钟南山是从不接触香烟的，这是一场惊心动魄的人体试验——

"太危险了! 快停止!"同行们惊叫。

钟南山根据自己的经验，这个浓度还未使解离曲线达到曲线的平段，于是他断然摇头："请继续进行!"

他继续吸入一氧化碳，直到血红蛋白中的一氧化碳浓度达到22%，此时钟南山已是头晕目眩。

试验终于取得了令人满意的结果。英国同行被钟南山忘我的科研精神深深地感动了。

后来钟南山的此项试验，被邀请在1980年全英医科学学会上作报告。中国人在慢性支气管炎方面的研究让英国同行耳目一新，中国人的勇气，也令英国同行刮目相看。不仅如此，钟南山此篇报告还提供了一个富有挑战性的结论：虽然用试验的方法证明了弗兰里在1975年用的数学推导的公式结论，但是这个公式却只对了一半，另一半不正确，需要进行更正。

5月，身在爱丁堡的弗兰里教授给钟南山寄来一封信。弗兰里在信中写道："下周皇家空军代表和苏格兰医学理事会主席要来参观我们的实验室，这关系到我们能否争取到一笔可观的建

△ 28年后钟南山和当年一起做实验的技术员

筑实验大楼的财政费用。我想请你当天为他们进行有关各种因素对血红蛋白解离曲线影响的报告……"

皇家医院对一个外国学者赋予如此的信任，是钟南山未曾预料的结果。他的苦心得到了报偿，他的技术得到了承认，他的 800 毫升鲜血，没有白流。

 ## 挑战权威

★★★★★

麻醉科的杜鲁门教授曾请钟南山做一项模拟实验：对呼吸衰竭的病人，在给予人工呼吸的情况下不断提高氧气的浓度，观察肺内变化的一个研究。科尔教授的结论是：随着吸氧浓度的越来越高，肺内的分流越来越大。

钟南山用对监护中的几例人工通气病人，重复做了这个实验，结果，科尔教授的结论却不能通过实验得到验证，重复不出来。

他又按照杜鲁门的建议，反复做了几次，结果还是重复不出来。钟南山觉得科尔教授的结论真的是不正确的。杜鲁门教授问钟南山为什么觉得不正确，他对杜鲁门解释说：他观察了氧电极。当氧的浓度增高到 70% 以上时，氧电极测出的数字存在误差，必须有所校正，再计算肺内的浓度分流。钟南山连续的实验结果都表明：随着氧浓度的增高，进入肺内的分流是不变或是下降的，而并不是如教授所说的"浓度越高，分流也越高"。

后来又经过对十几例病人的观察，都证实了钟南山的实验。于是杜鲁门明白了：原来科尔教授的结果的确是错误的。

杜鲁门对钟南山的这一实验结果非常看好，他十分赏识地对钟南山说："好吧，那你就把自己的这个发现投一篇稿吧，投到麻醉学会去。"

钟南山将自己此项实验的报告投到麻醉学会之后，麻醉学会很快就采用了。

1980 年的 8 月份，全英麻醉医学会在剑桥大学召开，这样的会议，是让有学识的医生展示自己课题学术性的机会，钟南山的实验报告被放在了大会发言的第一个位置。到会的成员，是全英国麻醉医学领域的权威。

当时，钟南山心里非常清楚，他此次的发言，是挑战权威的，而且是阐述一个完全相反的结论，一定会有很多争议。但是，他的勇气正好契合英国人对科学客观、公正、重事实的学风。

他首先用幻灯片展示科尔教授那篇论文的主要论点，然后以自己的实验为根据，阐述不同观点。最后又通过幻灯片展示他自己对氧电极校正所描绘的曲线，进一步证明科尔教授理论的错误。

钟南山提出的理论，竟然与一向被视为权威的科尔教授完全相反，在场的英国专家不约而同目光直直地注视着讲台上这位中国医生。

△ 钟南山与杜鲁门（中间年长者）教授重逢

钟南山将自己的实验报告讲完之后，在场的人们对他提出了12个问题。其中11个，是钟南山事先估计到的，最后，英国的麻醉学会主席勒恩教授站起来说："我们也做过类似的实验，我们觉得钟医生的做法是对的。"这位老专家说完之后，向坐在最前排的麻醉学会的委员们大声问："你们觉得怎么样？"全体与会人员举起了赞同的手，纷纷认为钟南山的实验结果"是可以接受的"。

钟南山这篇文章，在1983年的英国麻醉学杂志上获得了发表。

同年9月，钟南山在皇家医院做了命题为《一氧化碳对血液氧气运输的影响》的阶段性报告发言。在这个发言里，他把弗兰里教授的发现和数学推导，做了一个整体的分析，并且把教授的数学推导结合自己的实验结果进行了阐述。

钟南山讲完了，他的报告赢得了呼吸科、麻醉科、内分泌科专家的赞赏，人们热情洋溢地祝贺他的成功。同时赢得了利物浦大学凯弗利教授的赞赏和友谊。

钟南山的研究报告在全英医学研究会议上宣读之后，10月他又应邀到奥地利首都维也纳参加欧洲免疫学会议。在那里，他又结识了伦敦大学附属圣·巴弗勒姆医院的胸科主任戴维教授。戴维先生非常热情地请他前去圣·巴弗勒姆医院合作，并且商定共同进行哮喘疾病介质的研究，这使钟南山非常欣喜。1981年的夏天，钟南山应邀前去伦敦大学的圣·巴弗勒姆医院进修。

当2009年，钟南山应爱丁堡医学院的邀请，故地重游阔别多年的爱丁堡时，他再次见到了阔别已久的杜鲁门教授。年迈的杜鲁门教授紧紧地拥抱了他当年的这位学生和老朋友。

学成归国

★★★★★

　　1981 年 11 月 18 日，这是钟南山结束在英国两年零一个月的进修，即将从伦敦飞回祖国的日子。两年前去英国时，在火车上，一起留学的朋友们为他祝贺 43 岁的生日，此时，他刚刚度过 45 岁的生日。临行之时，爱丁堡大学和皇家医院的同行，从专家到医务人员，一一向他道别。他深情地谢绝了弗兰里教授和爱丁堡大学的挽留。

　　两年来，钟南山付出了非凡的努力，但今天的一切也给予了他意想不到的答案。他取得了对呼吸系统疾病研究的六项重要成果；完成了七篇学术论文，其中有四篇分别在英国医学研究学会、麻醉学会及糖尿病学会的杂志上发表；英国伦敦大学圣·巴弗勒姆学院和墨西哥国际变态反应学会分别授予钟南山"荣誉学者"和"荣誉会员"的称号。

两年的求学进修时间对钟南山来说，只是生命中的一个片段，但是爱丁堡大学给予他的教育，将伴随他今后的医疗生涯。爱丁堡大学的教育注重实事求是，钟南山学到两样最重要的东西，第一是如果第一步还没有走好，绝不走第二步。就是要踏实，即使再小的事，也要如此对待。第二是不要老是认为权威的话就是对的，一定要相信自己所看见的事实。

△ 钟南山与当年留学时的师生朋友再聚首

归国的行囊，装满了沉甸甸的感慨。中国驻英大使馆交给钟南山一封信，是他的导师弗兰里教授写来的。文字仍然像当初他见到的那封信一样简洁。但是这一次，内容却完全不同。弗兰里这样写道："在我的学术生涯中，曾经与许多国家的学者合作过，但我坦率地说，从未遇见过一位学者，像钟医生这样勤奋，合作得这样好，这样卓有成效。"

　　导师的称赞当然使钟南山欣喜不已，但最使他激动不已的是父亲这一次终于表扬了他。

　　在他的记忆中，这是 45 年来的第一次。当年他考上北医，父亲也只是表示祝贺而已，而这一次父亲是郑重其事地赞扬他："你终于用行动让外国人明白了中国人不是一无是处的。"

　　多年以后，每当钟南山向他的学生谈起英伦留学进修的往事，都会自然而然地这样说："有一天你们也会走向世界，但是请你们记住：科学没有国界，但是科学家却有国界。"

抗击非典

挑战降临

★ ★ ★ ★ ★

2002 年 12 月 15 日下午，广东人黄杏初被送到广东省河源市人民医院内科病区，当班医生叶钧强诊断其症状为高热、咳嗽、呼吸困难。两天后，医院再次收到一位症状相同的患者郭仕程。这两位病人都是在外地患病后返回到河源老家的。在用了各种退热方法及抗生素治疗后，两位患者的病情始终不见起色。病情紧急！叶钧强亲自把黄杏初送往广州陆军总医院，12 月 22 日，他又把郭仕程送往广州呼吸疾病研究所。

很快，叶钧强这位最初接触非典病人的医生与河源市人民医院的其他六名医护人员，被感染了与患者相类似的症状。

5 月的广州高温炎热，呼研所那些收藏有非典病人病历的铁皮柜，却异常冰冷。在所有的病历卷宗中，有一份这样的记录：郭仕程从河源转到呼研所时情况"特殊"，其病情不仅持续高热、干咳，而且肺部经X光透视呈现了"白肺"：双肺部炎症呈弥漫性渗出，阴影占据了整个肺部，使用各种抗生素治疗均不见效。

钟南山作出这样的判断：这种肺病的毒性见所未见，闻所未闻，不仅来势凶猛，而且难以治疗。

在医生们为这非同一般的病例寻找救治方案之时，广东省内接连出现相同的病例。顺德发生同样疫情。截至1月20日，中山也发现了28例此类病人。

1月21日晚上，钟南山赶到中山，会同广东省卫生厅派出的专家组，对中山出现的这些病人进行会诊和抢救。第二天，专家们起草了一份《中山市不明原因肺炎调查报告》，这份报告，第一次将多日以来困扰着人们神经的"怪病"，命名为"非典型肺炎"，简称"非典"。

2003年3月，世界卫生组织根据这种疾病的临床表现和流行病学特点将其命名为：严重急性呼吸道综合征（Severe Acute Respiratory Syndrome）。

广东省内各地都出现了疫情，而且陆续有同样的病人被送到呼研所和广州市内的大医院来，病情发展迅猛。大剂量的抗生素被用于紧急治疗。然而，这样的治疗，却一直无效。如何治疗"非典"，也成了问题。是用抗生素，还是用皮质激素？之后这一争执，随着非典疫情的蔓延而扩大，上升到整个学术战线。当时只要是收到了SARS病人的医院，都会出现从医院到

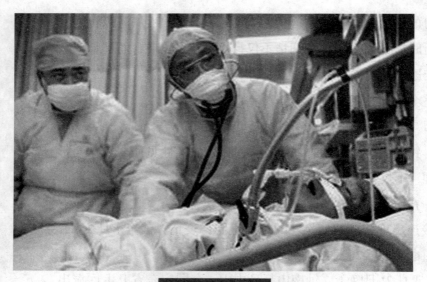

科室的如此争议。

对于医生来说，迫在眉睫的是要挽救病人的生命，他们急需一个可以遵循的主流声音。在这时，每天奋战在一线的钟南山，以自己的威信带来了对一个群体的影响力。尽管如此，在最初的治疗过程中，还是暂时保留了两种方案。主张用皮质激素的，用一种方案；坚持用抗生素的，则用另一种方案。这两种治疗方案持续了一个月。一附院、呼研所和广东所有的医学专家，摸索了一个月之后，对疾病的规律有了一些认识，包括如何防御、如何治疗。但是，非典到底是个什么病毒，还远远是个未知数。

在钟南山指挥下，广州呼吸疾病研究所逐步摸索出一套有效的治疗方案，提高了危重病人的成功抢救率，降低了死亡率，而且明显缩短了病人的治疗时间。这套方案后来被多家医院所采用，成为通用的救治方案。同时，在钟南山的主持下，《广东省非典型肺炎病例临床诊断标准》也很快出台。

作为奋战在非典一线的呼吸疾病专家，钟南山及时阐明了自己的观点，他认为皮质激素的使用必须得当，要在适当的时间，针对不同的病人，用不同的量。对于刚转来的危重病人，需要进行人工呼吸，因为这些病人的肺都硬了，通不了气。如果使用常规的通气办法给发硬的肺通气，肺就容易破，破了以后，再想通气，就很困难了，而且一旦肺出现破裂暴发感染，传染给医护人员，造成更大的感染，后果就不堪设想。

这是一条要命的事项，大家都必须严防院内交叉感染。于是在每一个病床前，都紧急安装了用于通风的换气扇，天冷也打开。1月的广州，没有暖气再开着风扇，就有点儿和北京的冬天类似。但是非典以后的广州，室内通风尤其是注意公共场所的空气流通，成为了约定俗成。

因为当时对疾病认识不清楚，防护不充分。收治病人的医院中医生和护士陆续开始出现感染。许多优秀的医护工作者倒在了自己热爱的工作岗位上。

2月3日晚上7时，连日抢救病人的邓练贤感觉全身酸痛、发烧，2月5日肺部出现炎症阴影。邓练贤于2003年4月21日殉职。

叶欣，广东省中医院二沙岛分院急诊科护士长。直到病倒前长达两个多月的时间里，她始终没有离开过岗位，没有回过一次家，于 3 月 24 日光荣殉职，年仅 46 岁。

 ## 劳累撂倒了铁汉

★★★★★

首先是控制！控制传染，控制病人的病情。要做到，就必须先搞清楚病原体为何物，才能够有效控制。非典疫情来势凶猛，它本身的病源是什么？它的传播途径又是什么？大兵压界，何为良策啊？这么多过不去的大山，该怎么办？难道等着吗？钟南山是有担当精神的人，不是等着的人，他等不了！

钟南山认为眼下的情况，需要两个层面的协作。第一个层面，是流行病学的。病原学和临床方面密切协作，只有这样才能够真正找到它的病源；第二个层面是国际上的大协作。因为这个病是人类的疾病，是致命的，需要综合各国高科技的成果，共同来攻关，只有这样才有可能解决问题。

　　运动员出身的钟南山，之后一直没有间断过体育运动，身体素质非常好。但是2003年1月底，在与非典战斗了一个多月后，因为过度劳累，67岁的钟南山被病魔击倒了。他发起了高烧，接着就开始咳嗽，X光片表明左肺出现了炎症。2003年1月28日，钟南山必须马上住院治疗，停止工作。

　　钟南山如果住在自己所在的医院进行治疗，是最理想的，这里是呼吸疾病治疗的权威医院，有很多他的老战友、老部下，他们都会悉心地照顾他。但是，他不想这样，在这样的时候，他不能多为自己想——尤其是他不能躺在自己的呼吸病研究所，那样的话对整个抗击非典的工作影响就太坏了，大家的士气会受挫，对病人的影响也很大，"怎么，连专家都倒下了？"病人会丧失战胜病魔的信心，还有，谁都会知道钟南山病了，万一他的病治疗时间长、很严重，那影响就会更坏，他怕传到社会上去，带来不好的影响。

　　于是，他悄悄地说服了知情的战友和部下，商量了一个结果：住到其他医院去。为了不给兄弟单位添麻烦，他竟然选择了回家养病。

　　钟南山平时的忙碌，是常人难以想象的，除了睡眠，他一刻也不能清闲，几乎很难静下来想一下自己。此时，他躺在自家的病床上，苦闷，真真切切的苦闷，如乌云翻滚，袭上心来。尽管心情不好，但是让钟南山有所欣慰的是他感觉自己的病，不太像非典，因为非典病人呼吸很困难，很多病人都是这样。而他的感觉，并不严重。

他只是感觉身体异常虚弱。在家里吊了五天针之后，他决定去复查一下。复查之后查看胸片，他惊喜不已：肺炎的阴影没有了！五天的吊针，全部用的是普通的抗生素。钟南山心中有底了，他的病不会是非典。

一场大病，使钟南山的身体虚弱不堪："我觉得非常疲惫，就像搬一座大山。"不得已，他又在家里休养了三天，然后拖着乏力的身子，向呼研所走去，因为那里是战场。他的心牵挂着他的呼研所，担忧着病人的安危，更担忧着疫情蔓延的凶猛势头，几乎每时每刻他都在想：怎样才能找到控制疫情的办法呢？

"所长来上班了！"整个呼研所医务人员的心安稳了。钟南山又开始了他繁忙的一切。

防护服之外，钟南山和所有医生一模一样。他的战友能分辨出他，期待着他的病人，也能分辨得出。一位病人这样说过："我知道，那是他，尽管我非常难受，意识模糊。因为我的心在他面前，踏实下来了。"

在钟南山生病前后一段时间，中国的电视观众、普通百姓，那些在艰难时期习惯"听钟南山都在怎么说"的人们，突然在电视上、在其他媒体上找不到他了。北京的很多市民，每天都在关注非典疫情，关注钟南山。因为他们知道非典在

△ 非典期间，钟南山接受中外媒体提问

广州肆虐，钟南山是广州的专家，他说的是一线的消息，是新发的病人和来自病房的事情。但是就连媒体的记者，也奇怪为什么这么多天，都没看到钟南山的影子；那些能找到钟南山的人，就急切地询问他的消息。

钟南山呵呵地笑笑："我不过有点不舒服，现在不是出来了吗？"

2003 年 2 月 11 日，钟南山受命，在广东省卫生厅召开的记者见面会上，面对媒体讲解非典的发生和病人的发病情况。这次露面讲解，钟南山为了国家，讲出了自己必须负责任的一句话。

他以自己院士的声誉作担保，告诉大家：非典并不可怕，可防、可治。

他检查过每个病人的口腔

★★★★★

　　钟南山在没有确定非典的病原体为冠状病毒之前，最初对非典病人进行诊断检查时，没有戴口罩检查每一个病人的口腔，却也没有被传染上非典，这是一个不解之谜。这个疑问一直被很多人认为匪夷所思。所以钟南山这句"我查看过每一个病人的口腔"，后来被很多人流传。

　　多位经历过非典的专家认为，当通过飞沫传染的非典带菌病人，张开口腔与你近距离接触时，传染的危险，几乎是十有八九，如果病人面对面冲你咳嗽几声，你恐怕就在劫难逃。

　　钟南山当时查看的病人都是带菌者，他一开始就是这样没戴口罩查看病人的，到后来，才越来越谨慎。

　　医务人员一开始都没有什么防护，因为

没有想到病毒会这么严重，从未经历过，所以缺乏足够的警惕。钟南山当时从最初两三周对病人感染的观察，发现这些病人的特点，一个是他们工作或生活在人口很密集的地方，另外，实际上他们是被咳嗽的飞沫感染的。最初，钟南山的确对这突如其来的病毒强悍的传染性没有足够的预想。他说他之所以后来才戴口罩，是有很多想法的，不完全是不太害怕被传染。

他这样解说自己为什么没有被感染："一般我检查的时候，会告诉病人：你忍一忍，不要咳嗽。所以我并没有因为给病人检查而受到感染。"除了不要病人咳嗽之外，他在查看病人口腔的时候，自己张着嘴巴，示范病人"啊——"一声，所以病人的呼吸免不了会直接呼到他脸上。

通过临床观察与确诊，钟南山得出一个非常新奇的概念，就是这种病人的特点为咽喉部没有症状。除此之外，非典病人的临床特点和一般肺炎病人的不一样，还在于他们发烧，白细胞低，然后是肺炎，却没有啰音，跟一般肺部炎症常常出现啰音的情况并不相同，而且，他们最突出的特征是呼吸困难。对于非常深奥的专业问题，钟南山表述得简洁明了。

2003 年 5 月 18 日，当在一年一度的全美胸肺科学大会上，面对来自全世界的数千名权威和学者，钟南山作报告讲述发生在中国的非典——SARS 的特殊性时，他描述了此番的真实所见，使世界为之一震。在这个大会上，来自美国的临床医生听得特别认真。

2 月中旬，有关方面宣布非典型肺炎基本诊断为衣原体的病因。如果非典的病源确是衣原体的话，患者只需服用红霉素等已有的普通药物即可产生效果。衣原体肺炎一般呈散发性，即零零星星地发生，流行的可能性不大，衣原体肺炎的死亡率也不高。

钟南山从呼研所收治患者的临床实践判断，非典很难用衣原体的肺炎来解释。首先，衣原体的肺炎很少发病这么严重；其次，在治疗患者过程中钟南山已采取了足够剂量的治疗衣原体的药物，但是毫无效果。临床实践让钟南山对衣原体之说产生了疑问，这个看法是不是缺乏调查研究，有没有认真地从临床角度来认识？钟南山认为除非这个衣原体是一种特殊的变种，否则的话是很难用衣原体来解释。

面对衣原体之说的权威声音。钟南山提出了非典的病原体可能是病毒，而非衣原体的不同声音。

他没有顾忌"反对"的风险，没有顾忌名声的代价，毅然决然提出相反的意见。他顶着莫大的压力与委屈，挺直了科学家的脊梁。

对于SRAS，是衣原体，还是病原体？是细菌，还是病毒？一场学术领域的争论之下，是千百个病患的生命何去何从，是一场浩大空前的疫情如何战胜。

钟南山的发现——病人的咽部没有流感症状，使这场争论，形成了交锋。

广东以钟南山为首的专家们，始终不渝地在进行关于非典病毒的研究。2003年4月11日下午，钟南山工作的广州呼吸疾病研究所拟在次日下午举行新闻发布会，宣布在广东的非典的病源，也是三天前在香港和美国科学家所发现的新型冠状病毒。

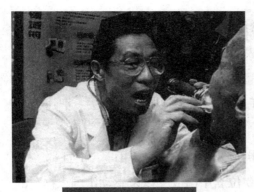
△ 钟南山在检查病人口腔

4月12日，广东媒体在重要位置刊登消息，首次公布在广东的 SARS 患者身上找到的病原体是"冠状病毒"的结果。

4月16日，世界卫生组织在日内瓦宣布，经过全球科研人员的通力合作，正式确认冠状病毒的一个变种是引起 SARS 的病原体。

在他看来，最重要的是广州在防治非典的斗争中打了一场胜仗。

用抗生素的治疗方案已经是呼研所实践过的，没有用的。按这个方法去治疗，很多病人都要死的。无从让步，这是生与死的问题。钟南山能够坚持己见，是因为他对自己坚持的东西实践过，他在用实践后的事实说话。

按国家有关部门已经公布的方案去治疗，即使错了，谁也不用背负责任。将来出现什么问题，不用任何一个专家来承担责任，当然也不用他钟南山来承担，钟南山恰恰没有这样明哲保身。

由于他在不同场合表白自己严重的担忧，表明自己坚持不用抗生素的观点，在沉重的挑战面前，他没有回避和退让，他没有选择推卸自己的责任，他选择了最艰难的办法，把压力扛在了自己的肩上。

2009年为迎接新中国成立60周年，中组部、中宣部等11部委联合组织开展了"100位新中国成立以来感动中国人物"的评选活动中，钟南山当选。其中对钟南山有这样的评语：在抗击非典战斗中，他以实事求是的态度、勇往直前的大无畏精神，主动请缨收治危重病人，全力以赴地精心制定医疗方案，以医者的妙手仁心挽救生命，显示出了科学家治学家治学严谨的作风与高度的责任感。在关系抗击非典成败的重大问题上，他能置自身荣辱得失于度外，力排众议，坚守科学家的良知……

如果SRAS的病源确是衣原体的话，患者只需服用红霉素等已有的普通药物即可产生效果。衣原体肺炎一般呈散发性，即零零星星地发生，流行的可能性不大，衣原体肺炎的死亡率也不高。

SARS病源之争都经历了怎样的论证过程，钟南山究竟经历了如何的"力排众议"，那一切，都凝结在了2003年4月——令全国瞩目的央视《面对面》节目的播出中。这一节目，对于不能不说的衣原体，钟南山与王志所展开的对话，揭开了一切，也记录了非常时期的历史瞬间。

钟南山的回答是用事实向全国人民讲出了缘由：一开始宣

布衣原体的时候，你为何站起来表示反对？

钟南山回答：一开始宣布衣原体的时候，他不是说有可能是衣原体，而是很明确地否认，现在权威部门已经明确非典型肺炎基本诊断为衣原体的病因，而且治疗采用抗衣原体的药物，有足够的疗程比如说两周就可以解决问题。他郑重地说："我想，这个看法是不是缺乏调查研究，有没有认真地从临床的角度来认识？从我们临床感觉有两个大的不同，很难用衣原体的肺炎来解释，第一个就是衣原体的肺炎很少发病这么严重，第二个我们采取了足够剂量的治疗衣原体的药物，但是一点效果都没有。当时我考虑，除非这个衣原体是一种特殊的变种，否则的话是很难用衣原体来解释的。"

王志接下来的这句，可谓"蛇打七寸"：在当时来说，衣原体是一个很权威的声音。

钟南山的回答脱口而出：权威的声音就是真理，就是事实，但是当我们看到这个学术的事实跟权威的是不一样的话，我们当然首先尊重事实，而不是尊重权威。

王志紧接着继续追问的效果，更让全国亿万观众目睹了钟南山的风骨：但是从人际关系来说，作为从其他方面的考虑来说，你可以不说话，你可以我行我素。

钟南山此时的回答同样敏捷而不假思索：我完全可以，但这不是一般的学术讨论，是救命的问题。假如我们采取错误的治疗方法，我们死的人会更多，这种情况下我们是没有什么可选择的，必须按照我们自己看到的事实、我们总结的经验，来进行治疗。

→ "把重病人都送到我这里来"

★★★★★

2003 年 3 月初，非典最严酷的时段，也是人心最为岑寂、孤独的日子。广州六家专门用于接纳非典病人的医院已不堪重负，一批又一批医务人员倒下去了。对于大多数医务人员来说，治疗和控制的办法，都是临阵磨枪。

据有关资料记载：3 月 17 日，广东全省累计报告病例在这一天首次突破 1000 例。

呼研所作为一个坚固的阵地，愈显得倔强峥嵘，勇敢的全体医务人员临危不惧。

非典期间，呼研所共有 14 名医务人员被瘟疫击中。

钟南山在此时，毅然地向非典一线说了一句话："把重病人都送到我这里来！"这句话像攻城的大炮，为整个战役的胜利，开辟了通路。

这句事后被无数家媒体，尤其是主流、权威媒体复制的豪言壮语，显示了深厚的社会根基。

英雄主义，无论任何时代，战争或者和平时期，都是贮藏在人们心灵的火种，哪怕是平凡的人，它也会潜在其心灵的最底层，它会敏感于光明的召唤。

真实在表面，也在最深处。

在当时那般危急的情形之下，钟南山，谈何标榜自己，只为铁肩以担。

他说出了一句冒险的话，其冒险的程度，又如何测量得出？

钟南山为什么非要如此挺身而出？毫无疑问，是责任心。

责任心让钟南山与他的呼研所挺身而出！

全体人员尊重钟南山，但却不是苟同于他。科学、民主、融洽的气氛，充盈着这个集体。

当呼研所上上下下的人都知道了所长向上级主动请缨："把重病人都送到我这里来！"大家就清楚了："我"，就是呼研所，每一个人，都是一样的！

自从广州各医院的病人越来越多，就有重病人不时转到这里。但是，转来的病人常常是生命已经到了底线，到了一息尚存的地步。

　　早诊断、早隔离、早治疗，在适当的时间合理使用皮质激素、合理使用呼吸机。钟南山的叮嘱被大家一一记牢。

　　病人眼看着越来越多，而转过来的病人都是这么重，命悬一线的病人，使医生们不时地感到回天乏术。

　　当把重病人抬过来的时候，他们的手硬邦邦的，神志不清，脑神经也出现了问题，一下子也无从判断他们是否被真菌侵犯了大脑，或者是不是由非典引起了脑部的病变。

　　必须赶快给这样的重病人脱去身上的衣服，但是衣服已经脱不下来了，病人的四肢都不能打弯儿了，最后他们只好把病人的衣服剪掉。

　　"不能到这个地步才送过来！不能前脚送进来，后脚就被抬了出去……"

　　钟南山的提议被上级采纳之后，马上就有病情不是极重的病人被送进呼研所来了。

　　"我这里是广东呼吸病专科研究所，不送这儿来送哪儿去？我应该承担，我应该负责。"这就是钟南山唯一的决定。

　　"那个时候的感觉，看到自己的骨干一个一个地倒下去了，非常难受，又觉得现在真正的办法也不多，而且还要继续抢救病人。"

　　即使在 SARS 最艰难的时期，钟南山也没有放弃希望。当时很多医生、护士都极为担心病人大量死亡情况的出现。钟南山告诉大家："假如出现了那样的情况，即使十个病人里面只活了一个，那么你从这一个被救活的人的经历中也会学到很多东西，以后你慢慢就可以把救活一个变成两个、三个、四个……"

钟南山的团队终于解了危局，终于挺过来了！在严酷的境况之下，整个团队治疗没有出问题，预防没有出问题，谈何容易？

当时发生了一件事，就是有两个来自内蒙古的患病姐妹前来呼研所就医。在平时，这是一件再寻常不过的事情，但是在 2003 年 3 月，那是呼研所抗击 SARS 最艰难的时刻，这两位姐妹千里迢迢慕名而来，深深打动了医务人员的心。对呼研所来说，这件事，成为他们心头永远的最生动的风景。

那么远的普通病人，都投奔他们来了！已经疲惫不堪的医务人员，突然被强烈地激励了一下，干劲又回到了身上。两个远道而来的姐妹深深唤起了他们心中作为医务人员的价值与责任的神圣感，他们是受了如此的褒奖——病人需要他们。

这两位内蒙古来的姐妹发着烧，有肺炎，不知道通过什么办法，骗过了机场的安检，从呼和浩特飞到广州，然后直接到呼研所来。

"当时两姐妹的病情已经很重了，其中一个马上就插了管子，做人工呼吸。但两个人后来都完全病愈了，她们很开心。"

2003 年 3 月底，就在最为艰难的时刻，出现了一个转机，由于医护人员积极的隔离和防护，SARS 病例在广东开始下降了，病人真的开始减少了！呼研所被感染的医生和护士也都一个个逐渐恢复健康，陆续上班了。

当时，入住一附院和呼研所的非典病人出现比较明显的缺氧状况。为解决这一临床症状，钟南山和肖正伦、陈荣昌、黎毅敏等专家首先是研究出了提早给病人使用"无创通气"的方法给予病人呼吸支持，就是采用无创的鼻部面罩通气法，而不是插管或是切开气管来通气，无创通气能增加病人的氧气吸入量，减少肺的萎陷为挽救病人的生命赢得更大的机会。其次，就是当病人出现高热和肺部炎症加剧时，适当给予皮质激素，而当病人继发细菌感染时，必须有针对性地使用抗生素。通过上述治疗方法，对最危重病人的抢救成功率达到了87%，降低了死亡率，而且明显缩短了病人的治疗时间。

钟南山等专家在临床治疗非典病人中运用的这两个措施，2003 年 3 月 9 日由广东省卫生厅以《广东省医院收治非典型肺炎病人工作指引》的文件形式下发各地市与省直、部署医疗单位。这是钟南山以及广东专家组对抗击非典所作出的重要贡献。

整个抗击非典的战役，之所以能够夺取最后的胜利，有两大利器起了决定性的作用。第一就是临床上应用了"无创通气"法，减少了病人的痛苦和死亡率，避免了更为严重的继发性感染；第二是以钟南山为代表的广东医务人员始终根据病人病情，在适当的时间以适当的量，科学、合理地使用皮质激素，有效地避免了更多伤亡的发生。

香港是从 2003 年 3 月份开始出现 SARS 的，当时广东抗击 SARS 到了白热化的程度，香港对广州的情况已经有所了解。钟南山毫无保留地将广东疫情发生、发展的情况以及广东的对策及 SARS 的防控措施，通报给了世卫干事陈冯富珍女士。

陈冯富珍得到了详尽真实的第一手材料，而且包括成熟的治疗经验，她对钟南山心怀感激地说："你为香港防治 SARS 做了很多的工作，非常感谢你，我们今后要多加联系。"

2003 年 3 月份，香港医学会邀请钟南山赴港向香港医务工作者讲解 SARS 的情况，他欣然允诺。钟南山在去日本参加学术会议后，直接飞

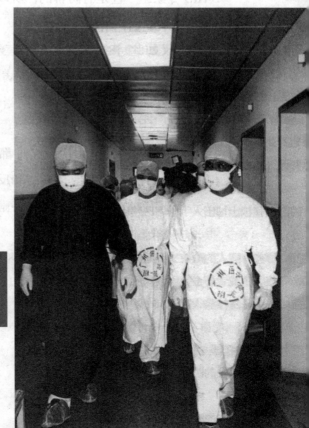

▷ 2003年1月，钟南山和医护人员身穿的还并不是正规的防护服，走进ICU抢救病房

到了香港。那天一大早，香港六百多名医生挤满了会场。钟南山详细地讲解了非典从一开始发现，到暴发，特别是在控制方面的经过。当时是 3 月初，香港刚刚出现疫情，所以医生们听得非常认真，而且问了很多的问题。

钟南山尤其向香港的医生们讲解了皮质激素的使用：一、用于适当的病人；二、用在适当的时间；三、控制适当的剂量。

当时钟南山没有来得及写出这次讲课的内容，然而令他欣慰的是，课后香港中文大学的师生连开几个夜车，结合香港一百二十多例病人的情况，详细写了一篇《SARS 病情病例的报告》，并刊登在《新英格兰》杂志上。

当 2004 年春天 SARS 再次出现时，由于钟南山与广东 SARS 专家组一直是有防备的，所以大量的工作用于对付可能出现的第二次发作。

不仅如此，SARS 之后的两三年时间里，钟南山与广东的专家及他的科研人员，一直对该病毒做跟踪实验，甚至是生物室的实验，结果是：一切都证明当时他们认定病原体为冠状病毒是对的。

当时有人对钟南山说，灾难都已经过去了，事实已经证明你做的是对的，这些带有总结和反思甚至自我检验式的实验，做与不做也没什么关系了。但是钟南山坚持认为："不是这样的！非常有必要！"

在科学的问题上，是就是，不是就不是，他永远不会有半点含糊其辞。

赢得世界声誉

★★★★★

从香港回到广东的钟南山没有想到，就在他为香港医务工作者作那场关于 SARS 的报告时，一位世界卫生组织的官员，对钟南山的报告产生了极大的兴趣，他渐渐听得入神，并且为之震惊。他就是伊文斯博士（Dr. Evans）。伊文斯没有想到，在中国的广东有钟南山这样一位医生，他对 SARA 研究已经做到了如此程度，对这个病怎样诊断、怎样治疗、怎样预防，都有了如此详细的结果。

在听到钟南山在香港的讲解之前，世界卫生组织的官员对钟南山并不了解，尤其是他对于 SARA 防控的一系列科学措施。所以，世卫组织官员很关注钟南山作的报告，他们迫切地来到内地了解情况。

2003 年 4 月初，伊文斯一行来到广东。广东省卫生厅厅长黄庆道负责接待他们。黄庆道遵从了伊文斯的意愿，希望听取两位专家的报告，一位是钟南山，另一位是广东省疾病预防控制中心的权威专家许锐恒。

最初，在对钟南山有所了解之前，世界卫生组织对中国广东的 SARS 防治工作是抱有很大怀疑的。伊文斯一行把所有的怀疑直接表达了出来，第一个怀疑：广东是不是有很多病人没有上报？第二个怀疑：广东是不是死了很多人？

钟南山事先就对伊文斯所要提出的疑问做了充分的估计，所以，为了应对可能提出的种种质疑，他提前做了充分的准备。他将自 SARS 以来的大量防控资料、数据等，制成了一套内容翔实、直观，颇具说服力的幻灯片。结合这些幻灯片资料，钟南山用娴熟又不失幽默的英语向伊文斯一行详细介绍了 SARS 的特征、如何进行医疗防控，而且更有如何通过有效的措施，达到很低的病死率。

通过钟南山的介绍，伊文斯一行觉得不仅有大量、周密可行的治疗方案，而且有可靠的依据，是极为难得的文献。不仅如此，他们还发现从预防角度来看，广东也做得很好。

伊文斯赴广东考察后，面对记者他表达出了的他的感受，他说："钟南山教授的经验十分丰富，这些经验对于全世界抗 SARS 工作都是宝贵的财富。在防治 SARS 方面，广东做了大量的工作。"

2003 年 3 月 31 日至 4 月 12 日西方四大媒体《华盛顿邮报》、《纽约时报》、CNN、英国 BBC 广播电台，关于中国 SARS 的报道，有 202 条，其中负面性的有 132 条，占 65%；公开指责的有 46 条，占 23%；中性报道 69 条，占 34%。正面报道只有 1 条。

在 SARS 期间，钟南山一边投入一线的临床救治，一边来去匆匆到许多国家走访，争取一切机会，宣传中国关于 SARS 疫情的防治。这期间，钟南山先后应邀访问了澳大利亚、丹麦、美国、日本、新加坡、马来西亚、荷兰、瑞士、瑞典，还有香港和澳门地区。因为牵挂国内的疫情，牵挂广东，他出行的时间都很短，比如去日内瓦和英国，他只去了一天，另外的时间都是在路上。机场、宾馆、会议室三点一线。他以广东防治SARS 的成功经验，以中国的实际情况，赢得了世界的赞誉，获得了世界的肯定。

钟南山在抗击非典中的卓著贡献，受到了党和国家领导人的关注。2003 年 4 月 29 日早上，国务院总理温家宝经昆明抵达泰国首都曼谷，出席中国—东盟领导人关于非典型肺炎问题的特别会议。钟南山也在随行之列。

曼谷当地时间 8 时 30 分左右，温家宝总理的专机降落在曼谷空军机场。随行的钟南山除了出席有关会议，还接受了中国记者的采访。他表示，非典是一个全人类的疾病，不是一个地区的疾病，也不是一个国家的疾病。它需要全人类的共同努力来战胜。

当时非典的病源、传播途径，还有它的预防方法和治疗手段等等，还不是那么清楚，所以钟南山提出：共同交流信息，有助于互相把这个病情的认识、它的防治水平，提高到一个更高的阶段。

当记者问钟南山，这次会议对中国正在进行的非典防治工作有什么作用时，他回答说，东盟一些国家包括新加坡等，他们在整个疾病的预警还有防护方面，有一套比较好的系统，这方面很值得中国学习。另外，他们在研究病毒学方面有很好的基础，在这方面要有一个合作的话，"我相信能够对疾病的进一步认识和找到它的病源，会有更大的帮助"。钟南山的回答落落大方，得到了国际社会的好评。

他最早是去日本讲关于SARS防治的情况。真正在国外将它作为学术进行讨论，是在美国。

在美国的会议，给他印象最深，使他一生都无法忘记。那是2003年5月18日西雅图的全美胸科年会。那一次美国发给钟南山的是临时邀请，紧迫到在开会前20天才发来，而钟南山绝不仅仅是去旁听，他要认真准备在这样全球性的学术会议上的发言。20天以后就要开会了，他要面对全球全人类关注的严峻疫情，但是尚无半点准备。

"应该是来得及的。"他这样胸有成竹地为自己鼓劲。他做好了充分的思想准备。因为当时的美国，已经有不少关于中国SARS的"传说"，他想去告诉美国人，中国对SARS防治是成功的。

在当时的美国人眼里，毫无疑问他属于中国"疫区"的人，一定会对他限行。钟南山直接到美国领事馆说明是他们美国邀请他去开会。2003年5月，是SARS在美国刚刚出现的月份，他对一位美国领事说："中国有一定的成熟的经验可以介绍，所以你们应该给我签证。"就这样，在全世界都严防SARS的特殊时期，美国领事馆破格给钟南山这位在救治一线接触病人的中国专家签了证。

美国的海关人员问他是不是从中国来的，钟南山坦率地回答 :"是的。"

美国人就立刻来了兴趣 :"你们那边的 SARS 研究得怎么样了？"

"正在研究，我自己就是为这个事而来美国的。噢，我没什么身体问题，我没有发烧。"

美国人对他很友好。友好是有感染力的。何况他一开口说话，很自然的，就能让人对他产生友好的态度。

到了西雅图，有两件事给钟南山很深的刺激。

第一件事是在开会之前，他和很多人一起等候在大厅，这时他留意到一本杂志 :《美国新闻世界》，钟南山顺手将这本杂志拿在手上翻阅。他很快就看到这本杂志里有这样一篇报道，标题是《SARS 是中国毁灭世界的武器》。这是一个长篇的报道，其内容是讲中国军事科学院某某人，发现 SARS 生物病毒……这篇文章还歪曲说:

▷ 非典期间，钟南山接受各国媒体采访

实际上这个病毒是中国为了发展生物武器所搞的破坏，是用来摧毁世界的武器。但不慎泄漏了出来，害了中国自己人。"

钟南山看到这里非常气愤，想不到美国的报刊为了政治宣传的需要，居然将中国丑化到如此程度！会场上，有一万多名来自世界各个国家和地区的胸科医学专家，钟南山的发言是临时加到发言表上去的。

他此次发言的主题是"SARS在中国"。

会务组对整个会议安排的发言顺序和发言内容，早在一年前就定下来了，为了插进钟南山此次的发言，会务组就在中午抽出了一个时间，给他安排了一个大的会议室来进行。

会议室大概可以容纳两千多人，钟南山开讲之后，很快就座无虚席。很多人仍然在往会场里走，人们没有座位就直接坐在了地板上，连过道上都坐满了人。

人越聚越多，实在是挤不下了。工作人员不得不设了一个门岗，阻止人再进来。

进不了会议室了，会议室外面仍然是挤满了人。工作人员这回只好把电视的天线从会议室所在的四楼拉到二楼，二楼开辟出来之后，一楼的许多人也都能听得真切了。人们在用心聆听钟南山所讲的SARS在中国出现的情况。

本来钟南山就想把中国抗击SARS的真实情况介绍给国际，以赢得世界对中国的尊重和理解。在看到《美国新闻世界》不实的报道之后，难以抑制的愤慨更是让他觉得，他必须要讲清楚：SARS在中国绝不像别有用心的人讲的那么悲惨！

"我们做了很多工作，现在的病死率很低。"钟南山流利的英语清晰、洪亮。

很多人站起来向他提问，问的都是一些让他觉得容易回答的问题："SARS 病人口腔是怎么样的？""中国是怎么对待疫情的？"

钟南山的发言，获得了到会的美国及很多国家的权威们意想不到的高度赞许。美国 CDC 及一位官员，随即邀请钟南山召开了一场关于 SARS 的记者招待会。在招待会上，美国记者提问，钟南山回答，他自信而又诙谐幽默的英语表达，让记者们再次感到拉近了相互间的距离，他们对钟南山这个从"疫区"来的中国人，有了亲切感，而且不得不对这位中国专家刮目相看！

紧随其后，德新社、美联社都对钟南山进行了专门的采访。钟南山的此次亮相被美国记者们刊登了出来。

"那一次给我的印象，给我的感觉，是他们能听我们的，和以前相比，有了天大的不同。"钟南山不无感慨地说。以前像这样的国际性学术会议，许多中国专家一般只有听会的份儿。现在，终于是他们听中国人说了！

那次参加会议的有六十多个中国留学生，是从美国各个州来的，他们知道钟南山要作关于 SARS 的报告，就都来参加。会议结束后他们都没有走，一直陪着钟南山聊到很晚，他们觉得很自豪，非常的开心，"中国有了让美国人刮目相看的研究！"

钟南山此次发言，运用了大量的数据和事实，这些自抗击非典以来所积累的详细的宝贵经验和资料，具有强大的说服力。

媒体总是问钟南山一些疫情的问题，他要回答得得体，又不违反原则，这给了他很大的锻炼机会，幸好他喜欢迎接挑战。"所以后来慢慢就习惯了，就过来了。"他说。

他说的"就过来了"，是指那一时段应对密集的媒体，中国的以及国际的，尤其是在世界上树立中国的良好形象，也着实让他付出了大量的精力。

 悲情果子狸

★★★★★

2004年1月，广州又出现四例SARS病人！它触碰了钟南山一直警觉着的神经：必须严防二次传染。果然在他意料之中。这四例病人发病的时间，和2003年相同。难道这个瘟疫又来了吗？

第一例是摄影师、自由职业者，广州郊区花都市人，因为吃野味，染上了SARS；第二例是一名饭店的服务员；第三例和第四例是郊区的农民。

再次出现SARS，是一个很危急的时刻，措施得力，才能得以遏制。

事实上，钟南山和广东的专家们一直没

有放弃对 SARS 冠状病毒的追踪。2003 年 9 月份。香港大学管轶教授和他的合作研究者深圳疾病控制中心初步认定，SARS和野生动物市场里食肉猫科动物中的果子狸、獾、貉等有关。作为研究的阶段性成果，管轶还撰写了一篇名为《果子狸是SARS 冠状病毒的主要中间储主》的论文，发表在美国的《科学》(Science) 杂志上。对这样一篇学术论文的发表，以科学精神立身的钟南山，经历了常人难以想象的艰苦卓绝的探究过程，一个求真务实的过程。

钟南山很相信管轶的这一发现。但是，果子狸在北方的饲养场并没有被发现 SARS 冠状病毒，所以北方的专家不认可。而广东人喜欢吃果子狸，在入冬时吃，平时不吃，是将果子狸作为入冬对身体的进补。所以南方专家认为有关系。

当时. 关于 SARS 病毒是否来源于果子狸，虽然早被怀疑，但一直存在分歧和争论。因为在北方，一些权威的研究机构，做了一些果子狸的分析研究，并未发现 SARS 冠状病毒。可以自养，也可以交易的肉食野生动物果子狸，在林业局文件的允许之内。至此，SARS 冠状病毒来自果子狸之说，不是空穴来风，而是留下了悬案。

长春农业大学动物研究所作了一个全国的果子狸调查，共103 例果子狸 SARS 病毒抗体的实验，结果发现在湖北、湖南、河北等地的果子狸饲养场里，果子狸全部没有 SARS 冠状病毒；但是取样到广东汕尾，就发现那里的果子狸 SARA 病毒抗体阳性率为 40％；到了广州增槎市场，那是非常有名的野生动物市场，结果发现那里的果子狸 SARS 冠状病毒抗体阳性，竟然高达 78%！

尽管果子狸的 SARS 冠状病毒被长春农业大学动物研究所发现，它证实果子狸是一个很容易受到 SARS 冠状病毒感染的动物，但是果子狸的病毒又是由什么感染给它的还搞不清楚。

广东的果子狸为什么就携带 SARS 病毒？专家从装运果子狸的笼子上，检测到 SARS 病毒。又经过调查得知：原来，野生动物市场装运野生动物的笼子，并非只装运果子狸一种动物。所有的野生动物都用同样的笼子。不仅如此，被装进笼子的果子狸经常是与其他野生动物同运同存一个空间，野生动物品种多，品种杂，市场大。最关键的，果子狸又是容易携带 SARS 病毒的受体。

由此，专家作出这样一个推测：各种野生动物混运、混住，导致 SARS 病毒传播。SARS 出现在广东，而且在冬天，专家推测是因为广东人喜欢在冬天吃果子狸。

2004 年初广州又发现了四例 SARS 患者。四例新发病人都分离出冠状病毒！从病人就餐酒家的果了狸身上发现了冠状病毒！分析比对结果：它们是高度同源！

广州春季交易会一天天临近，到会的国际展商明显稀松于往年，日本的厂家闻听 SARS 又来了，就打了退堂鼓。

在这关键的时刻，钟南山一定要见省长。下一步该怎么办，他要把他和专家们的意见，向领导汇报一下。令钟南山没想到的是，当天下午，省长就给钟南山回了话：晚上在迎宾馆见他和专家们。

钟南山立即开始准备很翔实的资料。晚上在宾馆的会议上钟南山代表专家们先发言。他一一分析出现这四例 SARS 病人的情况，第一，有两例是有接触果子狸的历史，有吃野生动物的历史；第二，这一次从果子狸和人身上分离出来的冠状病毒，四例都是高度同源；第三，专家们考虑野生动物市场是一个重要的传染媒介。

钟南山讲完这些，最后提出要怎么做的问题。他认为大家统一意见的结果是要马上切断这个重要的传播的途径，这样才有可能避免出现第二次传染。当时省长听了以后就征求各个方面的意见，卫生厅、农业厅、公安厅、商业厅都纷纷表态和提议。大家基本上同意钟南山的建议。

黄华华省长听了大家的意见后，最后表态，他认为钟南山讲得有道理，要马上采取措施，马上整顿野生动物市场，五天之内把所有的果子狸饲养场全部关闭。

会上还当即商定了给每一个饲养果子狸的农民成本补助。这以后，广东野生动物酒家在招牌上，悄悄地把"野生"的字样给盖住了。

2004 年 1 月 11 日，广州市民 1500 人签名"我们不吃野生动物"，五天以后，广东境内一万多只果子狸被扑杀一空。果子狸从此回归自然家园，不再被人类残忍地侵犯。之后，广东再未出现 SARS 病人。

有几个证据证明广东的措施是对的。第一个是 2004 年有一篇文章也是发表在美国《科学》杂志上，是中科院上海生物科学研究所赵国屏写的。文章说，一共总结了中国出现的 63 株冠状病毒，发现冠状病毒感染人以后，病毒就开始变种。这与果子狸身上的 SARS 冠状病毒的变异是同步的，刚开始病毒是不会传染给人的，经过一段时间以后，就变成能够传染给人了，随着病毒的变异，再发展下去，就成了人与人之间的传染，当控制的范围扩大到在人与人之间传播，病毒的毒性会更强，也增大了控制的难度。现在把由动物传染给人的环节及时地切断了，阻止它再不断地升级、不断地传染下去。

果子狸很容易被其他动物传染，而且常常是人吃果子狸之前，在屠宰、烹调的过程中，都很容易受到感染。另外一个证据是广州疾病预防控制中心发现的，原来从事野生动物这一行的从业人员，大概有 25% 是冠状病毒抗体阳性。到消灭了果子狸之后，2004 年的 7 月份，从事这些野生动物的人员，从原来的有 25% 的抗体，降到 5%。从这一点可以说明，对果子狸采取的措施是有效的。

在整个 SARS 疫情的战役中，最后对果子狸的行动，是一个很重要、很关键的举措。专家、政府二者紧密结合，避免了一次病毒大传播。

为什么过去吃果子狸没有出现过 SARS 病毒，如今却出现了呢? 钟南山仍然在追问这个谜。果子狸并不是源头，可能还有其它的源头。后来的研究发现，蝙蝠——中华菊头蝠，在武汉和香港都有，就有和果子狸一样的病毒。广东也有人吃这些东西。严酷的教训提醒人,对各种野生动物肆意杀戮，集中贩运，使其杂居，所酿成的恶果，最终会给人类带来灾难。

大医仁德

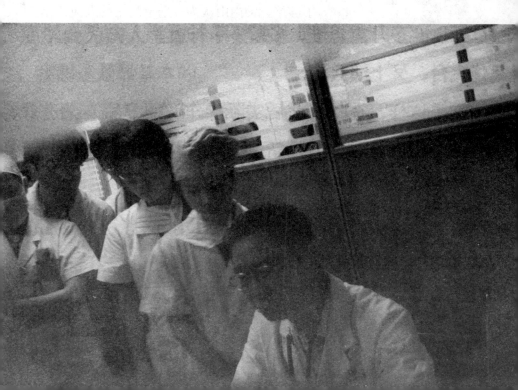

→ 当选院士

★★★★★

1994 年组织上安排钟南山申报过一次院士，没有通过，当时他并没有抱什么希望。

1995 年广州市人事局盛南方处长三次动员钟南山，希望钟南山能够申报院士。钟南山真诚地对盛南方说自己差得太远了，根本不够格。钟南山认为，选上院士的人应该是年资很高，有很多成就的杰出人才，而他认为自己连国家科技进步奖都不多，只有一个三等奖，所以他认为这根本就是不可能的事。但当时正好碰上一个好的政策：必须要有三分之一是 60 岁以下的人当选。钟南山开玩笑说："我就占了这个便宜，是 59 岁，年龄正好在 60 岁以下。"事实上，这是钟南山的谦虚之词，他被评选为院士是自己努力获得的成绩。

有一位院士叫侯云德，现在还在中科院

的病毒所任职，当时他是审批院士的组长。有一天，他打电话到广州医学院问："钟南山这个人怎么样？他的学术还有人际关系都怎么样？"侯云德分别找了两位老教授，他们两个讲话都是不留情面、很厉害的人。

对院士的评选是很注重人品的。接到电话其中一个教授梁先生回答说："你问我这个钟南山，我觉得他不错啊。工作不错，对我们这些老教授也是不错的。"结果侯云德就更认定钟南山这个"年轻人"了。

钟南山没有想到，后来的结果是高票当选。因为他虽然得奖不多，但是他在国外发表的几篇文章，所阐述的观点和论点具有创新性的发现，得到了国际同行认可。

比如钟南山在国外有一个隐匿型哮喘的学说，指出有些哮喘病人自己是感觉不到的、是隐匿的。他不但提出这样一个概念，同时还附有一个调查，就是发现这些病人患病几年之后，有些会发展为症状性哮喘。这个观点，在随后的十余年中，被国际上多名专家所证实，并被写入《哮喘》的参考教材中。他还提出了一个对患者进行发现和检查哮喘气道高反应性的简易方法，至今还在国内广泛使用。

1989 和 1990 年他已经在国际上的一些知名杂志发表了论文，不仅如此，1993 年他被选为中国代表，参加世界卫生组织召开的国际会议，撰写哮喘防治指南，这样的事在当时的中国是非常少见的，在业内是有轰动效应的。

有一点非常重要，就是钟南山的口碑好，广大患者对他的满意度高。《羊城晚报》曾经有一个经常写评论的老报人，写过很多很有战斗力的评论，他的名字叫微音，她写过几篇关于钟南山的评论文章，歌颂他视患者如亲人的高尚医德。

钟南山高票当选为院士，广州医学院为钟南山举行了隆重的庆祝会，大家请钟南山发言，他并没有说自己如何地欣喜或者自豪，而是讲了一个观点："我们学校很小，水平也不高，是一个不起眼的地方院校，但是我们这么小的学校也可以出院士。"

他想说明的是，作为一个学校，要承认自己落后，但是最重要的是要不甘落后，有了这一条，多小的局面也能干出大事业来。

"人最重要的是承认落后，因为承认落后并不是坏事，是为了不甘落后。不要以为自己的条件差就不行，要自己创造条件。"

他说："在我一生里，这恐怕是一直占据中心的主导思想。"

→ 仁医严师

★★★★★

　　钟南山无论身披什么荣誉，他都全心全意关心患者。钟南山在给病人看病时都是主动俯下身子，把病人扶起来给病人测血压，做触诊，然后再扶着病人躺下，为其掖好被子。无论病人是少年，还是壮年；又无论病人是哪一种病情，即使有严重的传染性。2009年的一次体检，发现钟南山腰椎向右倾斜，很多人就说，这是因为他常年向前探身扶病人这个动作造成的。

　　钟南山关心病人的事有很多。早在上世纪80年代初，《广州日报》就有过报道：钟南山一直照顾邮电工人屈洁琼的病情以及生活，时间长达十几年，直到1996年屈洁琼病逝。临终前，屈洁琼说钟南山如同再生父母。

　　屈洁琼患的是重症肌无力，他组织过好几次专家为其进行会诊。而这样的事，对于钟南山实在是再平常不过了，在他给病人看病时，随时都可能这样做。

作为一名医生，他从上世纪 80 年代、90 年代，一直到今天，都没变过。随着时间的推移，他身上发生了很多变化，唯一没有变的，就是他一心一意为病人。为了病人的病痛，他经过三四十年的跨度，始终保持了一心一意的热忱服务。经历过了五六十年代的人都会牢记毛主席评价雷锋的那句话：一个人做一件好事并不难，难的是一辈子做好事。很多人都一直不解，他为什么能够做得到？

钟南山几十年形成了一个习惯，几乎是一种本能：为患者着想。他不能远离病人，这在一般人看来很虚，或者会认为是说大话，但在他来说，是本能的流露。

钟南山曾经说："医生到底是干什么的呢？我从来主张医生应该这样，医德好，最主要的是能解决问题，大家觉得他态度好。态度好是为了取得病人的信任与合作，共同来解除病痛。病人对你有了信任才会合作，一方面会提供很真实的情况，另外一方面，他会很依从你，你让他吃药，他就一定会吃，不会怀疑，因为他信任你。"

病人一旦信任医生，就会把自己都交给医生，这个时候治疗就容易得多。很多病人去了很多医院，都对大夫怀疑，他回家用药就用一点，用两下以后效果不太好就不用了。实际上有一些药是要坚持用才有效的，为什么不用呢？因为不信任医生，所以现在一个很重要的问题就是要对医生有信任感。这个信任感，来自于医生真的为病人设身处地地着想，那样病人才会信任医生。对于信任这个问题的重要性，钟南山这样说："大夫能够获得病人从内心的信任，这个很重要，哪怕是一些绝症。比如肿瘤晚期的病人，我和他谈话，找他的亮点，说经过这一段治疗，呼吸好一点了，说明还是能够改善的，给他一些鼓励。他觉得有希望，就不会再是完全绝望的心态。"

钟南山认为，医生的一个态度能够决定病人的病情。不是说见到病人要笑嘻嘻的，不需要这样，你首先自己有信任的理念，那么你的讲话、言行自然就体现了出来；没有这个理念，装是装不出来的，装出来也是不传神的。如果你作为一个医生，内心不虔诚，仿佛只是一个学生，光是学技术，对病人的态度就永远只是一张皮，永远只是微笑露几个牙的事情。

有的时候病人要从西安或者是别的地方来，钟南山就告诉病人不必走这么远的路，他给病人

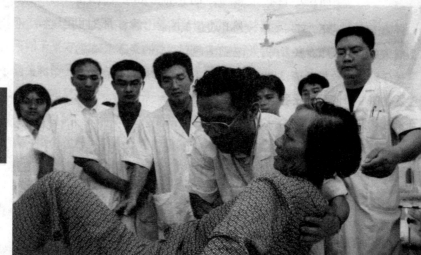

▷ 钟南山搀扶病患进行触诊，用自己的言传身教熏陶在场每一位学生和医护人员

介绍一个大夫,让病人在当地就医、开药。他说作为医院这么做,收入是少了一点,但是要多为病人去考虑。有的时候病人没有钱,医生要尽量为病人提供一个简单的办法,还有更主要的,是医生必须教会病人如何用药。

不论是非典前,还是非典之后。每周出诊一次,是钟南山必须做的。2003 年以前,钟南山都是从中午 1 点出诊到晚上 9 点,足足 8 个小时,很多在他身边学习的研究生都受不了。从 1982 年开始,一直到 2002 年,他都是这样安排给病人看病,没有停过。现在研究生出于对钟南山的爱护,把门诊量给他减到很少,一个下午看十来个病人。

病人很少看见钟南山是坐在椅子上等人来看病的。病人一进门,就看见站在面前笑脸相迎的钟南山,心里那种原本“来看病”的沉重感好像顿时减少了一半,何况知道是面对一位满脸和气的大专家,所以每个来就诊的病人心里都特别踏实。“您不要急,啊,把心先放下。”这是钟南山对前来看病的病人经常说的一句话。

每到出诊之时,钟南山身上的手机和他的座机电话不再接通,尽管有很多事。但是他一定是在诊室里给病人专心地看病。除非有极其特殊的情况不能出诊,那时助手会替他提前发出通知,免得病人白跑一趟。

看着一个个病人因为自己的医治,病情好转起来,能够转危为安,那是最令钟南山感到幸福的事。在全国,究竟有多少病人,希望挂上钟南山的专家号?只怕数也数不清;有多少人为了看病,在寻找他、询问他,那恐怕也是数不清。钟南山所工作的呼吸疾病研究所办公室的工作人员，每天的工作之一，就是必须及时拆读那些雪片一样来自全国各地的求医信件。

在科研与医治病患的同时，钟南山还承担着繁重的教学任务。钟南山教学生，首先是教思想，想方设法帮助病人解决问题、不懈钻研医术的思想；而他教医术，首先是教思维的方法。面对病情多问几个为什么，多为病人着想，崇高的医德熏陶着一批又一批学生。

在钟南山的言传身教下，他的学生也逐渐建立起设身处地地为病人着想的责任感。每一年他都有一批学生，他对学生说："你们在这里学一年见不了很多病人，每一个礼拜查房只讨论四个病人，加起来五十个礼拜也没有多少，但是你要学会思维的方式，很重要的是，要学会为病人考虑。不要说凡是自己搞不定的，就送上去算了，要想办法，我想这是最基本的。"

他的人才培养是抓两头。

一是基本功。对于一些骨干，所里都要咬着牙挤出经费去培养。现在这些骨干基本上都安排有一两年国内国际去学习的机会，回来以后起了一个很好的作用。他始终有一个理念，就是要学习先进的东西。

二是鼓励主动的思维。这一条很好地体现了他的任人唯贤。他说他常这样想，英雄不问出处。有一些很年轻的大夫，只要讲得有道理，他就会肯定。所以年轻人和他这样的尊长在一起，自然感觉到舒畅。

他特别注意年轻人基本功的培养，这些基本功包括基本知识、技能，同时，他还非常重视他们表达能力的培养。

△ 钟南山在给学生们授课

　　表达能力实际上就是一个思维能力。他说："最近，我们研究生骨干讲课都讲得很好，可能是受我的影响，经常听我讲，自己就慢慢地模仿，所以学会了。我经常鼓励他们思考，告诉他们怎样表达才清晰。"

　　"我对基本功的看法是，所有的基本功里面最重要的是语文。语文完全不在于你表达的或者是描述的东西有多么华丽，有多少好的词汇，而是在于你能不能准确地分析一个问题，层次很鲜明，富有逻辑性。这个能力对所有行业的人，都是最根本的一个能力。如果一个人具备了这个能力，他什么都能干好。"基于此，钟南山常常有意识地给大家机会去表述。

→ 他爱中医，却背着"破坏中医"的骂名

★★★★★

　　钟南山虽是学习西医出身，但他用功自学中医知识，所以他了解中医。捏病人的肩和胳膊，是因为很多病人得病时间都已经很长，检查其皮下脂肪和肌肉的弹性，判断是营养不良，还是近一阶段才消瘦，他一摸就知道了。因为皮下脂肪松弛，或者皮肤松弛，或者原来不瘦现在瘦，感觉是完全不一样的。

　　钟南山用手触摸病人的肩、下颚、胳膊、脖子，捏病人臂上的肌肉，捏腿和脚，看手指头，尤其是观舌相；还有最关键的用听诊器听诊，无论在门诊还是查房。这每一个细节都是他对病人的病情作出诊断不可或缺的，而这些诊断方法，让很多人联想到中医。

　　他对病人的一系列触摸，都是在"触诊"，比如有一些恶性病，是突然发病的，人会突

然间消瘦。

　　以前在西医门诊，有的医生给病人做叩诊，这种方法当然早就过时了，但是为什么现在有的时候还在做呢？钟南山解释说，实际上这个时候有一些心理辅导的作用：给病人叩诊，检查一下，病人感觉到真的在给自己检查。叩诊能够解决多大的问题？辅助诊断的作用的确是有的，而且时常为最终的诊断提供非常有力的参考。但是，确诊病人患病的程度，其实 X 光一检查，就出来了。所以，西医医生的触诊，一方面是给了病人一个心理上的安慰：医生真的看过我了。至少从心理治疗的角度是有意义的。另一方面对诊断的辅助作用时常非常重要。

　　钟南山历来重视触诊。比如在检查前胸时，要观察有没有蜘蛛痔，血管扩张以后，周围有一些细血管，医生把它按一下就白了，一放开，血管就又显出来了，一条一条，就像蜘蛛；中间有一个扩张的血管就像蜘蛛的身体，周围有一些毛细血管，就像蜘蛛的脚，如果皮肤上有很多蜘蛛痣的话，这个人可能有肝脏的问题。

　　这些都是很普通和简单的，但是这些蛛丝马迹恰恰是对辅助诊断起作用的。

　　钟南山说到古人诊断病情的问题，古代的时候没有 X 光片，所以他的触诊就融汇了中医的学问，是从中医得来的启示。

　　他是中国的西医专家，但是他对病人诊断的言与行，会让人联想到中医的精神，比如望、闻、问、切。

　　中医观舌相，他也观舌相，看舌头的颜色和舌苔，看消化系统有没有问题，是不是有一点缺氧。他觉得现在的医生好像太过于依赖器械检查，这是不行的，至少和病人的沟通，被削弱了很多。

对于中药，他一向是很爱护的，而且非常重视那些被普遍认可的、有疗效的中药，所以显得苦口婆心。有媒体说中药对H1N1有效，也有说太凉得慎重。他认为这种争论是空穴来风："一天有人问起我，中药对H1N1有没有作用？我说还不清楚，中医治疗针对一般的发热、减轻症状是可以的，但是具体针对H1N1，是不是能够肯定地说有效，我不能这样说，因为我还没有看到证据。"

从H1N1现身开始，从中央到地方，对中医中药开始了空前的关注，全国各地开始纷纷推出自己预防甚至称很有疗效的中药方。这的确是一个令中医兴旺的好时机。但钟南山的态度显得有些激动，他认为他不是在故意跟中医作对，恰恰相反，他希望中医这个几千年的国粹，有一个令世界佩服的声音。

钟南山的意思是，什么实验室的数据都没有做过，有效的证据是什么？所以外国人笑话我们！"有人对我非常反感，实际上我是非常支持中医的，但是这几十年，中医走老路，是不行的。"

他认为中医作为经验医学的积累，必须要走循证医学的道路，在临床真正使人信服它的疗效，再深入探讨机制，对中医的研究，可以从不同角度来深入。

他是爱中医的，一些熟悉他的人，也是这样认为。

近年来，他在多种场合都曾经呼吁，要真正地做好中医药，中医有很多好的治疗方法，而且简、便、廉，符合中国基层就医实际需求。

事实上，中医的很多哲学思想都适合现代医学，比如：整体观点（从改善全身状态治疗疾病）、治未病观点（预防为主）、个体化观点（辨证施治）。中医对于肿瘤的治疗战略，特别是当前被世界医学所关注的带瘤生存的理论，与中医的整体观点不无相关。对于肿瘤的治疗，中医的理论是如何扶正，最后是人怎样和肿瘤和平共处，钟南山对这一理论非常赞赏。

　　在他的工作中，无论是医疗还是教学，他都时常把中西医做一些比较，特别是遇到具体问题的时候。比较之下，他分明看出西医的问题和中医的优势。

　　西医太专，稍微歪一点的病就不会看了。特别是专科，片面性极大，头痛医头，脚痛医脚。比如说一个病人看了十几个医院，诊断了半天说只是咳嗽，却说不出为什么咳嗽，老是做针对气管和肺的检查，但是最后的诊断证明是心脏的问题。这是因为每次病人出现心律不整，他就会咳嗽，而西医的专科医生却只看一个器官，不能综合分析病人的病情，所以常常判断错误。

　　中医如何走出经验医学的瓶颈？这是他最为关注的问题。究竟该如何走出，他有自己的认识。

　　现在提倡转化医学，在国际上，转化医学的意思是将基础研究的理论及技术尽快地推向临床防治的实践。

　　每逢国际医学会议，有为中医力挺的机会，他都是想方设法去做。2009年5月，他在华盛顿的一次授课中，在谈到转化医学的概念时，他阐明自己的观点：他认为除了促进基础研究向临床转化之外，中国还有另外一个概念，就是将有几千年古

老文明的中医传统的经验医学，转化为循证医学。

这意味着将中医对病人治疗有效的个案，经过现代循证医学的研究模式，转化为对患有该疾病的群体都有效的、具有共性的方案。

必须要有数据和证据。如果有效，吃它有效，不吃它没有效，证据在哪里？有些药，我们吃了几千年，不用担心其副作用，所以我们用不着从动物实验做起，老祖宗已经有经验了，经验就可以变成循证医学了。

令他十分兴奋和慰藉的是，最近通过较严格的循证医学实验，有两种中药复方被证实对H1N1甲流感染有疗效，能减轻症状，缩短病程。他在不同场合都以这个实验举例子，指出中医药是有很大潜力的。

良药——羧甲司坦

★ ★ ★ ★ ★

联合国世界卫生组织负责制定《全球哮喘防治指南》的主席，多次在不同的场合热情地向人介绍钟南山："这位先生在哮喘研究方面做得很有成就，他最大的贡献是在对SARS的控制方面。"所以他把钟南山称作"中国英雄"，他说："钟南山是中国呼吸疾病医学的领军人物。"不仅如此，在国际很多场合讲到SARS，人们都是如此看待钟南山的。

"我早就看过你的文章。"

"我早就听说过你。"

这些亲切的夸赞，常让钟南山十分感动。在中国香港，钟南山更是备受拥戴。

在国际场合，钟南山总是那么自信，具有大家风范，因为祖国就在他的身后。弘扬祖国的声名，体现国家的形象，这早已经是他的本能所为，也是义不容辞的使命。中国

有他这样的人，无论在国内还是国际，无论身处何等的风云变幻，祖国利益永远高于一切！祖国医学事业的发展，正是依靠钟南山这样的人铁肩以担。

2009年6月，钟南山参加了在罗马召开的由四十多个国家共同参与的世界慢性疾病会议。会议期间，钟南山做了三个主题报告，分别是慢性阻塞性肺病在中国的预防、控制与治疗。他用大量的事实、数据，通过丰富的幻灯片进行表述，阐述了中国早期干预的预防与治疗理念。充分说明中国的理念是最先进的，是走在世界最前端的。钟南山流畅的英语、翔实的论述以及谈笑风生的幽默表达，受到全场与会者的热烈欢迎。

目前，慢性阻塞性肺病是一种危害范围较广的肺病。据世界卫生组织估计，全球范围内2.1亿人患有轻度至重度的慢阻性肺病。2005年，三百多万人死于慢阻性肺病，占全球所有死亡人数的5%；近90%的慢阻性肺病死亡发生在中低收入国家。慢阻性肺病曾经在男性身上更常见，但是由于高收入国家中的妇女越来越多地使用烟草以及低收入国家中接触室内空气污染的更高风险（例如用于烹饪和取暖的物质燃料），该病现在对男性和女性的影响几乎相等。除非采取紧急行动减少高危因素，尤其是烟草的使用，否则慢阻性肺病总死亡人数预计在今后 10 年内将增长 30% 以上。

根据目前的医疗水平，慢阻性肺病到晚期基本上是治疗无效的。患有慢阻性肺病的病人早期症状不是很明显，难以引起足够的重视，很多病人到了晚期实在难以承受病痛才去治疗，但为时已晚。有些病人即使发现了自己的病情，也没有给予足够的重视。所以对慢阻性肺病这种疾病，早防早治疗是对病人健康最好的保护。

对于这一现状，钟南山在报告中鲜明地提出自己的看法：每个国家的医疗机构都应该建立对慢性阻塞性肺病早期干预的系统。这个想法一经提出，立刻得到很多国家的赞赏。

在发言中，钟南山先后提出了两个观点。第一个是关于早防早治，他尖锐地指出：目前涉及慢阻肺治疗，所有国际的指南都是比较晚期的。

第二个观点则更为鲜明，他指出：在发展中国家，必须发展自己既便宜又有效的药物市场，发展那些让广大老百姓负担得起的药物。也就是说，发展中国家，要发展自己的药物，自己能够用得上、用得好、用得起。钟南山的话音刚落，全场立刻响起了掌声。来自印度、孟加拉、吉尔吉斯斯坦等国家的专家纷纷激动得从座位上站起来，大声地表示赞同。

慢性阻塞性肺病主要是抽烟或者烟雾所致，这是因为抽烟会产生一些过氧化物，因为过氧化物破坏了肺泡，刺激细胞释放自由基。但是能不能用抗氧化剂来治疗或者预防慢性阻塞性肺病？这一直是钟南山想要解决的医学课题。在国外，曾使用含硫氢基的祛痰剂 N- 乙酰半胱氨酸对慢阻肺动物进行抗氧化实验，其结果是肯定的，但用到临床试验，结果却十分混乱，无法下结论。

为攻克这一医学课题，2007 年，钟南山和课题组全体人员采用一种名为羧甲司坦的祛痰药，与协作单位一起开始了大样本的双盲临床观察。羧甲司坦是一种廉价、中国人曾经普遍使用的老药。羧甲司坦祛痰药能使病人支气管的黏液分泌减少，从而痰的黏稠度下降而易于咳出。它有效用于慢性支气管炎、支气管哮喘等引起的痰液黏稠、咳痰困难、肺通气功能不全等疾病。但是因为它过于廉价，所以被冷落，在日益激烈的市场竞争面前，药厂只生产这样的廉价药，肯定要倒闭，医院只给病人用如此廉价的药，早晚有一天要关门。羧甲司坦不仅价格便宜，而且副作用也很小，只有少数人可能出现恶心、腹泻、胃部不适感，轻度头疼、皮疹等。所以有胃溃疡的病人，包括孕妇是需要慎重选用的。

这次大样本的双盲临床观察实验过程是这样的：医生给两个对照组病人用药，一组使用羧甲司坦，另一组使用体现于药物一样的安慰剂。虽然大家都知道要服用羧甲司坦，但是协作单位参与临床观察的医生和病人均不知道自己所服用的是羧甲司坦，还是安慰剂。600 多位病人，22 家医院，历时一年，投资 400 多万。时间一天一天过去，由于是绝对的双盲，任何结果都要等到公布时才能知晓。如果此次实验证明无效，那他们就要告诉世界一个真实的临床结果：无效。这是一场毫无主观的设计，它的命题永远以真实为灵魂。

结果终于在众人的期盼中出来了！用羧甲司坦的一组比用安慰剂的一组，急性发作频率减少 24.5%。与国际一些推荐使用的吸皮质激素药联合长效受体支气管扩张剂相比，羧甲司坦的疗效非常相似，但价格只有常规进口药物的 1/6～1/8。更为关键的是，使用羧甲司坦的一组病人生活质量提高了。这项由钟南山领衔的、汇集了 13 个城市、22 家医疗单位完成的实验，其结果首先获得了欧洲呼吸学会金奖，随后又被整理成论文形式，在著名的医学杂志《柳叶刀》上发表，题名为《关于羧甲司坦治疗、预防慢性阻塞性肺病急性发作的随机、双育研究》。在这篇论文中详细介绍了羧甲司坦这种常用的廉价国产祛痰药物。钟南山在论文中称，廉价的药品，良好的疗效，更加适合于中国国情，应该在全国推广。这样的一篇消息，媒体的反应，如同向来媒体关注钟南山的声音，蜂拥而至。之所以如此，更深层原因是，一大批如此廉价的老药，在面临销声匿迹，难以招架的药厂，不是因为生产廉价药而破产倒闭，就是对廉价的老药更章改弦。

钟南山的这一重大贡献，对于挽救患者，对于挽救摇摇欲坠的老药生产厂，当然是喜讯，也一定是很多人的愿望。

2009 年 1 月，钟南山接到《柳叶刀》编辑部的通知，《关于羧甲司坦治疗 COPD 的课题研究》一文入选《柳叶刀》组织评选的 2008 年最优秀论文，在 25000 张选票中，这篇文章得票率最高。

《柳叶刀》是国际上临床医学方面的权威杂志之一，它每年向全球学者推荐本年度最有影响的研究和实验项目论文。这是中国第一次有文章在百年历史的《柳叶刀》权威杂志上被评选为第一名。此番获奖，自然赢得了世界同行的刮目相看。无论国际专家来到中国，还是世界的任何一个地方，呼吸领域的专家都对他表示敬重。此后，《柳叶刀》邀请他做该杂志的评论员，这让钟南山感到，这是对中国学者的更大尊重。

 ## 威望与使命

★★★★★

中央电视台"2003感动中国十大人物"节目的颁奖台上，钟南山向观众深深鞠躬。他将一只手臂扬起，向台下欢呼的观众致意，他的神态亲切、平和。"感动中国"的推选委员这样感言:钟南山院士,在非典袭来的时候,置个人安危于外，积极救治病人，还卓有成效地探索出防治非典的经验。他是为人民的健康作出巨大贡献的英雄。

2004 年 7 月 20 日，全国归侨和侨眷十大精英颁奖会上，胡锦涛总书记亲自为钟南山颁奖，并对钟南山说："你在非典防治中作出了突出贡献，人民感谢你。"

2004 年 2 月，中央电视台代表国家、社会和人民，以铭刻于历史的笔触，这样说：这是一场人类社会并不认识的疾病，这是医学界当时仍然不明原因的疫情。但是在中国的南方，在 SARS 传播的起点上，一位 67 岁的老人，一个功成名就的专家，却以一个医学工作者科学的头脑和理性的力量，请求把一批重症病人，转送到他所领导的呼吸疾病研究所，集中隔离治疗。

对于这些荣誉和带给他的威望，钟南山这样平静地回答："这个是我们的本行，是我们本身的职责。"

钟南山的影响，形成带动力量，营造和谐，带来秩序。他的每一次倡议，每一次大声疾呼，都推动了医学文明的进程。SARS 之后，服务于社会更成为他自觉自愿的行为。这样的事情，每天每时都可能发生。2008 年开始，钟南山呼吁大中小学生每天进行锻炼，因为他得知现在青少年体质正在全面下降。

教育部的调查显示，在过去 20 年内，虽然中国青少年身高得到了普遍增长，但耐力、力量、速度和灵敏度等指标全面下降，其中下降特别多的是耐力和力量。

我当时看到了教育部的一个资料，2004 年、2005 年学生平均身高，男女都有增加，但是身体素质比以前差多了。什么叫素质呢？它指速度、力量、灵敏、耐力，这几样都不行，最突出的是肺活量。比如说它的肺活量原来规定是 3000 毫升，现在可能只有很低。这是教育部的统计，我看了这个资料，就感觉到现在青少年的体质问题太严重了。钟南山忧心忡忡地说。正因为如此，从 2008 年开始钟南山呼吁大中小学生每天进行锻炼。慢跑是锻炼青少年心肺功能、增强耐力、提高肺活量的最佳方法之一，其效果是其他活动难以比拟的。慢跑和快步走，是钟南山经常锻炼的基本项目，也是他积极倡导的运动方式。在钟南山看来，体育教人不服输、力争上游，教人重视协作，培养团队精神，教人讲求高效率。

2008 年 10 月 26 日，教育部与国家体育总局、共青团中央联合开展了第二届"全国亿万学生阳光体育冬季长跑"活动。这是钟南山大力呼吁的结果。

在钟南山看来，所谓场地受限制等都是逃

▽ 中央电视台"2003感动中国十大人物"节目颁奖现场

避体育锻炼的借口。"跑步最不受时间、场地的限制了，随时随地，在教室周围、小区里等都可以进行。"他经常在家中的跑步机上跑，有时也在办公室原地跑。在钟南山家中，文件、资料占据了大量空间，可谓紧张，让夫人李少芬也无可奈何。但是，他却安排了一个较大的空间来锻炼：跑步机、拉力器、哑铃一应俱全，墙壁上还安装了可以做引体向上的单杠。这也是他们一家人共同的快乐空间。

△ 2004年广州星河湾健身房，钟南山在健身。运动始终不离他的生活，尽管他已过花甲。

钟南山认为，学生能否进行和坚持长跑，在于教育的引导。每逢说到这一问题，他就不禁面色肃然，目前我们衡量学生的主要标准是分数，是考试成绩，却与体质无关。只有体质好，提早打基础，才能适应未来社会更多的挑战。钟南山语重心长地说："有些身体不好的人，年轻时根本没有什么感觉，到三四十岁才慢慢暴露出来。"

1958年，北京医学院曾经提出培养红、专、健学生的口号。红，就是思想好；专，是学习成绩好;健,就是健康。当时学校提出来"红专健",目的是号召学生们为祖国健康服务 50 年。1960 年毕业的钟南山,至今已经为祖国健康服务整整 52 个年头了!对比之下,许多医生早已经退休养老,更有不少医生被疾病困扰。究其原因,在于一生的健康储蓄,就是这么简单。钟南山说:"当时还没有那么高的认识,后来才提高的。以前我搞竞技体育,竞技体育和日常锻炼不太一样。后来我慢慢不参加比赛了,不做竞技项目了,但还是喜欢参加运动。"钟南山说:"因为我觉得运动对自己来说,提高了工作效率,令思维清晰了,非常有用。后来我就将运动变成了一个习惯,并发展到一定的程度,好像锻炼如同吃饭一样重要。"

 附:钟南山真话选

★★★★★

咳,其实我不过就是个看病的大夫。

我觉得最重要的,是病人的生命。

我最推崇讲真话,真话不一定都是对的,假

话不一定都是错的。

讲真话，它的可贵之处，不是在于它的对与错，而在于是发自内心的。我觉得在任何的群体，任何的一个单位，或者是家庭，能够讲真话，一定会是一个和谐的群体。

做好本职工作就是最大的政治。

要诚实，诚实的意思就是：你自己是怎么想的。

我觉得我要充实的东西，就是在事业上要有成就。

我这一生，从来不会想到每天去哪里玩，到哪里享受。我想的就是能够做一点什么事情，特别是在学术上有一点成就，这才是我最开心的。

始终不安于现状，这个好像是我生命的主轴，哪怕是在文化大革命的时候也是这样。所以我一直在往前走。假如所有人都有这么一颗恒心，都有一个追求，然后努力朝前走，就会有很大的收获。每个人都能这样，不枉过这一生，这个社会就会进步很快，国家也会进步很快。

我为什么喜欢体育运动呢？因为它能培养人的三种精神，一个是竞争的精神，一定要力争上游；第二是团队精神；第三是如何在单位时间里提高效率。把体育的这种竞技精神拿到工作、学习上来是极为可贵的。

这辈子经历了很多艰难，但是每一次都能够挺过来，为什么呢？因为我自己有一个追求，假如自己没有这个追求的话，这些困难我都是很难战胜的。

我这个人就是这样的，你给我机会，我就干。

我七十几岁了，做来做去，说来说去，自己的本行还是在的。

谁把我看成什么，我都不在乎，因为我始终没有脱离医生为病人服务这个根本。

我这样做，有的时候的确会让领导为难，但是我得讲真话啊。

不唯书，不唯上，只唯实。

 # 附：钟南山简历

★★★★★

1936年10月20日，出生于南京。

1937年11月，随父母迁居贵阳。

1947年随父母迁居广州。

1949年考入岭南大学附属中学。

1952年考入华南师范大学附属中学。

1955年考入北京医学院（后更名为北京医科大学，后又并入北京大学，成为北京大学医部医疗系）。

1959年在全运会上打破400米栏全国纪录。

1960年大学毕业后留在北京医学院工

作。

1963 年与李少芬结为夫妇。

1965 年到山东乳山参加"四清"运动。

1966 年 3 月，加入中国共产党。

1971 年任广州市第四人民医院（1974 年更名为广州医学院附属医院）医生。

1974 年参加慢支炎防治小组。

1978 年参加全国第一届科学大会，获优秀论文一等奖。10 月，考取公费出国留学资格；1979 年 9 月，赴英国爱丁堡大学附属皇家医院进修。

1981 年 1 月赴伦敦大学圣巴弗勒姆医学院进修。

1981 年 9 月，在剑桥大学参加全英麻醉学术研究会议，论文被大会通过；在留学期间取得七项科研成果。11 月，学成回国。

1982 年任广州呼吸疾病研究所所长。

1985 年为国际胸科学会特别会员。

1986 年担任呼吸内科教授、硕士生导师。

1987 年任广州医学院第一附属医院院长。

1987 年为剑桥国际名人学会会员。

1991 年首次提出"隐匿型哮喘"观点。

1992 年担任广州医学院党委书记、院长；担任 WHO 全球慢性呼吸疾病 (GARD) 联盟执行委员会常委，当选为中共广州市委委员。

1993 年 1 月，当选第八届全国政协委员，担任博士生导师。

1994 年作为中国唯一的科学家代表，参与组织制定联合国国际卫生组织全球哮喘防治战略。

1996 年 4 月，当选中国工程院院士。

1997 年当选中共十五大代表。

1998 年 1 月，当选第九届全国政协委员。

1999 年被评为北京医科大学六位杰出校友之一，任广州市科协主席。

2000 年任中华医学会呼吸学会主任委员。

2002 年任广东省科协副主席。

2003 年 1 月，当选第十届全国政协委员，任广东省防治传染性非典型肺炎临床治疗专家组组长，获全国五一劳动奖章；当选全国优秀共产党员；当选全国先进工作者(全国五一劳动奖章)；当选全国卫生系统抗击非典先进个人；当选全国防治非典型肺炎优秀科技工作者；当选广东省模范共产党员；当选广东省医德医风标兵；获广东省抗非特等功；当选广州市优秀党员；当选广州市精神文明建设先进工作者；当选广州市抗非标兵；当选广州市抗非先进个人；获《半月谈》思想政治工作创新奖；当选央视感动中国 2003 年十大人物；获何梁何利科技进步奖(医学药学奖)；担任联合国世界卫生组织慢性呼吸疾病医学顾问、大流行性流感专题小组成员。

2004 年获卫生部"全国白求恩奖章"；获中国医师协会"中国医师奖"；当选国务院侨务办"全国侨界十杰"；获广东省科学技术特等奖；当选南粤杰出教师；当选广州市精神文明建设十大标兵；获广州医学院杰出贡献奖；获第六届全国图书奖特别奖。

2005年当选全国劳动模范；获《解读急性传染性非典型肺炎——预防与对策》广东省首届优秀科普作品图书特等奖；当选广东省模范共产党员；获广东省科学技术个人特等奖励；当选南粤杰出教师；当选广州市教育系统优秀党员；当选广州医学院优秀党员。

2006年获中国呼吸医师奖；获吴扬奖（特殊贡献奖）；当选广州市精神文明建设标兵。

2006年被授予英国爱丁堡大学荣誉院士。

2007年当选全国道德模范（敬业爱岗类别）；当选全国十大科技英才；广州市志愿者形象大使。

2007年获广东省科学技术突出贡献奖；欧洲呼吸学会（ERS）终身荣誉会员；广州新侨回国创业荣誉奖；改革开放30周年感动广东人物。

2008年获英国爱丁堡皇家医学会院士。

2009年获2008年度《柳叶刀》优秀论文奖；第五届高等学校教学名师奖；被评为全国"双百"人物。

担任WHO全球慢性呼吸疾病（GARD）联盟执行委员会常委、国际胸科学会特别会员、亚太呼吸年会（APRS）学术委员会主席。

后 记

大医济世

我心灵的空椅上，来了一位非凡的人。当他的手臂挽起最贫最弱的病患，我清晰地看见，伟大是出自如此的平凡。我于是从仰慕他的名，开始阅读他的精神。

我真切地感到，他属于人民，属于国家，属于公正的心。

每天清晨睁开双眼，他就开始背负沉重的工作压力，而把压力上升为动力，从来都是他的性格，工作的效率，是他完成任务的砝码。

工作几乎是他全部的生活，除了睡眠和吃饭，65%的时间，总是各种工作在那么急切不已地选择他。

他日常的言行，即使平和得水波不兴，也令人肃然起敬。行动如风，沉静如山；他海一样宽阔的胸怀，大医的风范，都在寻常生活的点滴之中。他简朴地生活着，他的衣兜里永远有两样东西，一支笔；一叠名片，名片会随时给予任何一位重病的患者："这是我的电话，助手会把你的情况转告我。"

他的亲切是清澄的水，那风趣幽默的谈笑是水中的玉石。

真正走近他，了解和感知他，我才明白，我和他身边关爱着他的人们，心情是相同的。大家希望，像钟院士这样的专家，能多一些健康，多一些精力，为了那么多来自全国各地危重疑难的病人需要解救，为了那么多复杂的医疗难题正待研究。

是蜡烛，便注定燃到最后一刻。除了真实，任何对他赞誉的词汇都无须太刻意，因为他为国分忧，为民服务的自觉，已近于本能。

当罕见的疫情向人类袭来，他毅然把个人的生死置之度外。用一副血肉之躯承载了危难关头的千钧之重。

当党和国家给予他高度评价，当康复的患者赞颂他大医济世，当震耳欲聋的凯旋如礼花绚烂，他对这一切，只给出一句这样的回答："其实，我不过就是一个看病的大夫。"

钟南山，就是这样的一个人。

叶　依

2009 年 9 月于广州

100位

新中国成立以来感动中国人物

丁晓兵　马万水　马永顺　马恒昌　马海德　中国女排五连冠群体

孔祥瑞　孔繁森　文花枝　方永刚　方红霄　毛岸英

王　杰　王　选　王　瑛　王乐义　王有德　王启民

王进喜　王顺友　邓平寿　邓建军　邓稼先　丛　飞

包起帆　史光柱　史来贺　叶　欣　甘远志　申纪兰

白芳礼　任长霞　刘文学　刘英俊　华罗庚　向秀丽

廷·巴特尔　许振超　达吾提·阿西木　邢燕子　吴大观

吴仁宝　吴天祥　吴金印　吴登云　宋鱼水　张　华

张云泉　张秉贵　张海迪　时传祥　李四光　李春燕

李桂林和陆建芬夫妇　李素芝　李梦桃　李登海　杨利伟

杨怀远　杨根思　苏　宁　谷文昌　邰丽华　邱少云

邱光华　邱娥国　陈景润　麦贤得　孟　泰　孟二冬

林　浩　林巧稚　林秀贞　欧阳海　罗映珍　罗健夫

罗盛教　草原英雄小姐妹　赵梦桃　钟南山　唐山十三农民

容国团　徐　虎　秦文贵　袁隆平　钱学森　常香玉

黄继光　彭加木　焦裕禄　蒋筑英　谢延信　韩素云

窦铁成　赖　宁　雷　锋　谭　彦　谭千秋　谭竹青

樊锦诗

图书在版编目（CIP）数据

钟南山 / 叶依著. -- 长春：吉林文史出版社，
2012.8（2024.5重印）
（100位新中国成立以来感动中国人物）
ISBN 978-7-5472-1181-6

Ⅰ. ①钟… Ⅱ. ①叶… Ⅲ. ①钟南山－生平事迹－青
年读物②钟南山－生平事迹－少年读物 Ⅳ.
①K826.2-49

中国版本图书馆CIP数据核字(2012)第208514号

钟南山

ZHONGNANSHAN

著/ 叶依

选题策划/ 王尔立　　责任编辑/ 王尔立 李洁华 任玉茗

装帧设计/ 韩璘

出版发行/ 吉林文史出版社

地址/ 长春市福祉大路5788号　邮编/ 130118

电话/ 0431-81629363　　传真/ 0431-86037589

印刷/ 天津海德伟业印务有限公司

版次/ 2012年12月第1版 2024年5月第5次印刷

开本/ 640mm×920mm　1/16

印张/ 9　字数/ 100千

书号/ ISBN 978-7-5472-1181-6

定价/ 29.80元